Walter Nigg
Rebellen eigener Art
Eine Blumhardt-Deutung

WALTER NIGG

REBELLEN
EIGENER ART

EINE
BLUMHARDT-DEUTUNG

QUELL VERLAG

ISBN 3-7918-2021-4

© Quell Verlag, Stuttgart 1988
Printed in Germany · Alle Rechte vorbehalten
1. Auflage 1988
Einbandgestaltung: Klaus Dempel, Stuttgart
Satz: Hermann Weyhing GmbH, Stuttgart
Druck und Bindung: Ebner Ulm

Inhalt

EIN MANN GOTTES: JOHANN CHRISTOPH BLUMHARDT (1805–1880)

EIN NEUES LIED: CHRISTOPH BLUMHARDT (1842–1919)

5

Ein Mann Gottes:
Johann Christoph Blumhardt
(1805–1880)

Der unscheinbare Anfang

»Das Blumhärdtle ist jetzt da«, sagte der geschäftige Pfarrer Dr. Barth, als am 31. Juli 1838 sein Nachfolger in Möttlingen eintraf.[1] Der herablassende Ton aus dem Munde des wendigen Vorgängers ist nicht zu überhören. Beim bloßen Anblick hatte die kleine, gedrungene Gestalt Blumhardts gar nichts Imponierendes an sich. Man konnte ihn gut übersehen, und viele Leute waren denn auch von seinem bescheidenen Äußern im ersten Moment überrascht, ja enttäuscht. Der unscheinbare Mann war jetzt da – aber das entscheidende Problem liegt darin, ob er auch heute noch da ist. Bleibt Blumhardt für die Christenheit gegenwärtig oder nicht? Ist er versunken, existiert er nur im historischen Protokoll, oder ist er geistig präsent? Alles hängt davon ab, ob ein Mensch wirklich anwesend ist, dies Wort im ganz realen Sinn und nicht bloß sinnbildlich verstanden. Es gibt eine Gegenwärtigkeit der großen Gestalten der Christenheit. Sie sind spürbar und erlebbar; aus dieser überrationalen Sicht allein läßt sich sinnvoll über sie sprechen. Darum sei mit Nachdruck wiederholt: »Das Blumhärdtle ist jetzt da!« Bedrängend und ganz konkret ist seine unsichtbare Anwesenheit.

Seiner Herkunft nach hatte Johann Christoph Blumhardt ebenfalls nichts Eindrucksvolles aufzuweisen. Er wurde nicht in einer vornehmen, gebildeten Familie geboren, sondern stammte aus dem armen Volk und blieb auch zeitlebens volksverbunden. Aus dem Volk, das nicht der Masse gleichgesetzt werden darf, gehen immer wieder urwüchsige Persönlichkeiten hervor, Menschen von innerer Kraft. Blumhardts Vater war zuerst Bäcker, dann Holzmesser, immer aber mußte er sich plagen für den Lebensunterhalt seiner Familie. Johann Christoph Blumhardt hat die Armut seiner Jugendjahre nie vergessen; er war sich auch bewußt, daß seine Eltern viele Opfer für seine Ausbildung bringen mußten. Er wuchs im württembergischen Pietismus auf, mit dem er verbunden blieb, wenn er ihn auch in ganz entscheidenden Fragen überschritten hat. Blumhardt studierte in Tübingen, fiel aber in keiner Weise auf. Er wohnte im Stift und war Kursgenosse von D. F. Strauß und Eduard Mörike, mit denen er gerne das »Däumeln« trieb. Damals lehrte in Tübingen mit großer Faszination der geistesmächtige F. Ch. Baur, der scharfe Kritik übte und spekulative Gedanken entwickelte. Seine »Kirchengeschichte« ist der Hegelschen Philosophie verpflichtet und ideengeschichtlich ausgerichtet. Der junge Blumhardt verhielt sich ihr gegenüber kühl, was eine frühe Unabhängigkeit verrät. Er ging trockenen Fußes durch das theologische und philosophische Meer; die Wasserwogen türmten sich zu beiden Seiten auf, vermochten ihn aber nicht zu überspülen. Als Stiftler studierte er fleißig, eignete sich eine ordentliche Bildung an, ohne von der Wissenschaft überwältigt zu werden. Dabei verachtete er die wissenschaftliche Forschung keineswegs, hielt sich jedoch bewußt auf Distanz. Die Wissenschaft kann vieles, aber nicht alles, und manches bleibt Hypothese. Man darf weder auf sie verzichten noch sich von ihr überfahren lassen. Keineswegs war Blumhardt ein Student mit Scheuklappen. Aufgeschlossen wie er war, besuchte er auch medizinische Vorlesungen. Zudem war er sangesfreudig und spielte auch gut Klavier.

Was prägte Johann Christoph Blumhardt? Die Frage rührt an sein Geheimnis, über das er nie gesprochen hat. Er schwieg über sein inneres Leben, tendierte von früh an auf die göttliche Realität und fühlte sich mehr und mehr von ihr angezogen. Die Bibel, mit der er aufgewachsen war, wurde ihm zur geistigen Heimat, indem sie ihm den Glauben und den Inhalt seines Daseins vermittelte. Diese Haltung darf nicht mit dem Begriff »Biblizismus« abgetan werden, der Blumhardt nicht gerecht würde, weil der Biblizismus ein starres System ist, das dem Buchstaben und nicht dem Geist verpflichtet ist. Blumhardt lernte jedoch biblisch denken und biblisch fühlen, was etwas ganz anderes ist, als fundamentalistische Behauptungen aufzustellen. Er selbst sagte, die Bibel sei ihm ins Blut übergegangen.[2] Es ist ein unvergleichliches, einzigartiges Geschenk, wenn ein Mensch vom biblisch schauenden Sinn erfüllt wird. Die Heilige Schrift ist zum Schauen und nicht zum Analysieren da. Es bedarf des schauenden Sinnes, um in ihr Inneres einzudringen und ihre grandiose Bildersprache zu erfassen. Blumhardt nahm die Gottesnähe in der Bibel wahr; er war von ihr umgeben, und von daher ist er allein zu verstehen. In seiner heiligen Einfalt glaubte er, daß Gott in der Bibel unmittelbar zu ihm rede, ein »geheimnisvolles Etwas«, dem er in der Schrift allenthalben begegnete. Mit einem bildhaften, nicht begrifflichen Denken verstand er die biblischen Berichte ganz real. Bewußt lehnte er das bloß historische Verständnis ab. Die Heilige Schrift bewahrte ihn auch vor allen Zweifeln; er stand in einem festen Vertrauensverhältnis zu Gott und wurde nie von einem Glaubensverlust heimgesucht. Er war auch überzeugt, daß Bibelkommentare vom Kern wegführen, und außerdem blieben ihm die allegorischen Auslegungen stets fremd. Offen bekannte er, vieles in der Offenbarung des Johannes nicht zu verstehen, und trotzdem war ihm die Bibel eine Kraft und nie nur eine Sammlung frommer Sprüche.

Als Blumhardt seine Berufslaufbahn begann, verbreitete er als munterer Vikar eine angenehme Atmosphäre um sich. Natürlich wie er war, verbannte er jedes salbungsvolle Getue und alle muffige Frömmelei. Er war milde und weitherzig in der Beurteilung der Menschen, Umstände und Dinge, großzügig gegenüber der Jugend, eine Haltung, die die pietistische Umgebung erschreckte. Nie lief er dem großen Haufen nach. Viel später sagte er einmal zu seinem Sohn: »Wenn alle Leute laufen, dann bleibe du stehen! Wenn alle Leute aufgeregt sind, dann ziehe dich zurück! Wenn alles schimpft, dann denke du an gute Sachen.«[3] Hernach war Blumhardt mehr als sechs Jahre Lehrer am Missionshaus in Basel, eine Erfahrung, die ihm den Blick dafür öffnete, daß das Christentum in alle Welt hinausgetragen werden müsse.

Es genügt nicht, von Blumhardt als einem originellen Manne aus einem Gusse zu sprechen. Gewiß wich er früh ab von den überlieferten Gepflogenheiten der Gesellschaft und gestaltete alles frei aus seiner Persönlichkeit heraus. Das Bewußtsein der beständigen Nähe Gottes erfüllte ihn; dies unterschied ihn von den meisten Christen seiner Zeit. Intellektuell begabt, liebte er es trotzdem nicht, sich so gelehrt auszudrücken, daß es niemand mehr verstand. Er war der Einfache unter den Komplizierten. Nichts Gekünsteltes und nichts Zerrissenes haftete ihm an, auch jagte er nie dem Interessanten und Geistreichen nach. Frei von jedem Ehrgeiz und von allem Geltungsdrang, blieb er stets einer warmen Menschlichkeit zugetan. »Einfachheit ist das Kennzeichen des Göttlichen«[4], sagte er und setzte damit einen allezeit gültigen Maßstab, der jedoch im Geistesleben der Neuzeit verlorengegangen ist. Wie viele philosophische und theologische Werke verstecken hinter schwer verständlichen Wortbildungen ihre inhaltliche Armut! Die Wahrheit ist klar wie ein Bergsee und auch für den einfachen Christen ohne weiteres verständlich. Blumhardt liebte das Schlichte, ohne sich je einer fragwürdigen Simplifikation schuldig zu machen.

Während der Basler Zeit lernte Blumhardt die badische Pfarrerstochter Doris Köllner kennen, die ein innerliches, idealgesinntes Mädchen war, bei deren Händedruck es ihn förmlich durchzuckte. Sie wurde keine Pfarrfrau im üblichen Sinn. Als sie sich noch im Brautstand befanden, schrieb ihr Blumhardt: »Du mußt Pfarrer werden, dabei bleibt's, der Herr hat Dir alles dazu geschenkt, wie's in Deinem Teil nötig ist.«[5] Diese Erwartung erfüllte sie auch auf ungewöhnliche Weise, ohne sich dabei in die Sackgasse eines damals noch gar nicht vorhandenen Feminismus zu verrennen. In Doris Köllner erhielt Blumhardt eine hervorragende Gattin, die in allen Situationen unbeirrbar an seiner Seite stand. Sein erster Biograph meinte, man müßte neben seinem Namen auch immer den Namen ›Doris‹ erwähnen, dermaßen bedeutungsvoll war sie für ihn. Blumhardt schrieb über Doris an Mörike: »Du hast gefunden, daß zwischen mir und ihr kein Gedanke, keine Erfahrung und Wahrnehmung, keine Gemütserscheinung in mir – sei's noch so klein oder groß – die ich nicht mit ihr teilen könnte. Wo sie hinkommt, ist's, wie wenn ich käme, nur daß sie subtiler das Nötige anzubringen weiß als ich.«[6] Wahrhaftig, ein schönes Exempel einer Ehe.

Über ein Jahr war Blumhardt Pfarrgehilfe in Iptingen. Es war ein Dorf, das sich durch die Rappsche Separatistenbewegung in einer fatalen Spaltung befand. Der junge Vikar trat allen Dorfbewohnern, ob Kirchenmitglieder oder Separatisten, mit der gleichen Unvoreingenommenheit und Menschlichkeit gegenüber, so daß es ihm, fast ohne Worte zu gebrauchen, gelang, den Separatismus in kurzer Zeit völlig zu überwinden. Diese erstaunliche Leistung enthob ihn zeitlebens jeder separatistischen Versuchung.

Über diesen seltenen Mann schrieb Friedrich Zündel eine ausführliche Biographie. Zündel war ebenfalls eine außergewöhnliche Persönlichkeit. Er sah wie ein Bauer aus, war von linkischer Art, doch hochgebildet und in Theologie und Philosophie, in Naturwissenschaft und Mathematik gleicherweise bewandert. Als Gymnasiast habe ich die greise Frau Pfarrer Zündel besucht. Sie hat mir von ihrem Manne erzählt, er habe mit seiner Überzeugungsfestigkeit eine geistige Weitherzigkeit verbunden, dank derer er auch mit liberalen Theologen ruhig zu diskutieren vermochte. Als junger Polytechniker wanderte er häufig den achtstündigen Weg von Stuttgart nach Möttlingen, befreundete sich mit Blumhardt, studierte hierauf Theologie, und dann begann auch er vom Göttlichen zu singen.[7] Später verfaßte er Blumhardts Lebensgeschichte, dessen Sohn beim Erscheinen des Buches bestätigte: »Wer will aus Blumhardts Leben alle Anstöße hinausbringen? Der Kampf ist recht geschrieben, wie er ist. Weglassen wäre Feigheit, die Sache plausibel machen wäre Torheit. Es ist nun einmal dieser Kampf ein Klotz auf dem Wege der legalen Denker. Wir können so kleine Kritiklein nicht beachten, können aber auch nicht das Ganze als Objekt naturwissenschaftlicher Forschung ausbreiten. Wer nichts Unerklärliches ertragen kann, soll das Buch auf die Seite legen.«[8] Zündels geistesmächtige Biographie enthält ein gewisses Dilemma: In erster Linie kommt ihr der Wert eines Augenzeugenberichtes zu, und das ist ein durch nichts anderes aufzuwiegender Vorzug. Andererseits erhebt sich die Frage: Ist Gegenwartsgeschichtsschreibung überhaupt möglich? Fehlt ihr nicht der notwendige Abstand zum Geschehen, dessen es bedarf, um eine Gestalt allseitig zu umschreiten? Diesen Gegensatz vermochte Zündel auszuhalten. Er hat es gewagt, die Biographie zu schreiben, »die jetzt die ganze Welt in aller Stille durchzieht«[9]. Tatsächlich hat der schweizerische Pfarrer das Bild Blumhardts für die nachfolgenden Geschlechter geprägt. Es ist kaum möglich, Blumhardt anders zu schauen, als es Zündel getan hat, hat er doch die entsprechenden Aspekte vortrefflich geltend gemacht. Allerdings muß die Biographie in der Urfassung gelesen werden, nicht in der gekürzten Ausgabe, die Zündel ohnehin nicht gerecht wird. Er hat sich Blumhardt untergeordnet und dabei doch nicht seine persönliche Eigenart verleugnet. Seit Zündels Niederschrift sind freilich mehr als hundert Jahre vergangen, weswegen an eine neue Biographie zu denken ist, die das inzwischen hinzugekommene Material aufarbeitet und neue Gesichtspunkte hervorhebt. Nie darf man das Bild eines »Menschen der Ewigkeit« nur bestätigen, da keine geschichtliche Darstellung endgültig ist. Eine Gestalt bleibt nur dann lebendig, wenn man sie immer wieder befragt. Die nachstehende Skizze versucht, frei von Originalitätssucht oder verschlüsselter Geheimsprache, so Blumhardtisch als möglich zu sein oder, chassidisch ausgedrückt: »Eine Geschichte muß so erzählt werden, daß sie selbst eine Hilfe ist.« Die breit angelegte Biographie von Paul Ernst über Blumhardt fand keine Drucklegung und entzieht sich deswegen einer Beurteilung.

Neben Zündels Arbeit ist noch Blumhardts eigene Niederschrift »Die Krankheitsgeschichte der Gottliebin Dittus« heranzuziehen. Er verfaßte sie nicht aus eigenem Antrieb. Das Konsistorium in Stuttgart verlangte sie, worauf Blumhardt mit großer Gewissenhaftigkeit seinen Bericht schrieb (1844). Diese Urschrift ging auf fragwürdige Weise im Konsistorium verloren; sie ist bis heute nicht wiedergefunden worden. Im Jahre 1850 fertigte Blumhardt eine zweite Niederschrift an, von der Abschriften vorhanden sind. Einem Pfarrer, der nicht wußte, wie er sich den Hergang denken sollte, antwortete Blumhardt ablehnend: »Der Leser braucht sich den Hergang nicht zu denken, denn ich schrieb nicht für das lesende Publikum.«[10] Die »Krankheitsgeschichte« war nicht für die Öffentlichkeit bestimmt, trotzdem hat ein pietistischer Verleger sie nach Blumhardts Tod unter das Volk gebracht. Der Sohn Christoph Blumhardt hat sich mit Recht darüber aufgehalten, lag dies doch nicht im Sinne seines Vaters. Blumhardts Bericht ist kein Gegenstand, der das Denken anspricht, weil die Vernunft ihn nicht zu verstehen vermag. Nach einer Aussage des Sohnes war sich sein Vater über »die Unzulänglichkeit des Berichtes im Vergleich mit dem Kampfe selbst klar«[11], indem er ausführte, er habe nicht alle Einzelheiten im Gedächtnis behalten können, weil alles zu schnell und zu mannigfaltig aufeinander gefolgt sei, eine Bemerkung, die bei der Lektüre zu beachten ist. Tatsächlich sagt die »Krankheitsgeschichte« zuviel und zuwenig aus. Sie kann nur im Kontext von Blumhardts Leben richtig begriffen werden. Heute gibt es eine wissenschaftlich einwandfreie Edition von 1979 mit sorgfältigen Erläuterungen von Gerhard Schäfer und Paul Ernst, die alle Anerkennung verdient. Die vom edlen Theodor Bovet verfaßte Einleitung zu der vorzüglichen Ausgabe ist durch den Seitenblick auf die Parapsychologie getrübt, mit der Blumhardt nichts zu tun hatte. Jedenfalls stellt die »Krankheitsgeschichte« ein höchst seltenes und ganz außerordentliches Dokument dar, das in der neuzeitlichen Christenheit kaum seinesgleichen hat. Nicht Lehrbücher sind wichtig, sondern Zeugnisse, die von einer erlebten Wirklichkeit berichten. Wir stellen uns unvoreingenommen dieser primären Quelle, halten gewisse Einzelheiten sogar für problematisch, aber erkennen dem Ganzen einen hohen Rang zu.

Zu Zündels Biographie und der »Krankheitsgeschichte« kommen noch Blumhardts Schriften, wie sie in seinen »Blättern aus Bad Boll«, seinen Predigten und seinen Briefen vorliegen. Es ist noch nicht alles veröffentlicht, namentlich fehlt eine umfassende Briefausgabe. Natürlich mutet Blumhardts Schreibweise ein wenig altväterisch an. Er war kein wortgewandter Schriftsteller, sank aber mit keiner Zeile auf das Niveau des kirchlichen Journalismus ab. Die »Blätter aus Bad Boll« enthalten eine fortlaufende Erklärung des Matthäus-Evangeliums, seine Andachten und auch Antworten auf an ihn gerichtete Fragen. Man spürt deutlich das Verantwortungsgefühl, das ihn auch bei seinen schriftlichen Arbeiten stets leitete. Blumhardt schrieb die religiöse Sprache seiner Zeit – das war naheliegend und zugleich seine Grenze. Die Ausdrucksweise jener Epoche entspricht jedoch nicht mehr in allen Teilen unserem Empfinden, weil der Sprachwandel beständig weitergeht. Blumhardts Geist aber weht dem Leser entgegen, und damit ist die Voraussetzung gegeben, dem unscheinbaren und doch gewaltigen Manne auch wirklich zu begegnen.

Der Blick in den Abgrund

Johann Christoph Blumhardt wollte vor allem Pfarrer seiner Gemeinde sein. Nie war er darauf bedacht, sich hervorzutun oder durch eine absonderliche Kleidung die Aufmerksamkeit auf sich zu lenken. Weder deklamierte er stimmungsvoll auf der Kanzel, noch drückte er auf die Tränendrüsen seiner Kirchenbesucher. Er dachte nur daran, seine Pflichten treu zu erfüllen in seiner Gemeinde Möttlingen, dem kleinen Dorf am Rande des nördlichen Schwarzwaldes. Bis heute hat die Ortschaft ihren ländlichen Charakter behalten, deren Schmuck die einnehmende Kirche mit der bemalten Kanzel ist. In Möttlingen war Blumhardt mit seiner Gattin Doris kein idyllisches Pfarrhausdasein beschieden, wie es sich oft romantische Seelen ausmalen: Pfarrgarten mit blühenden Obstbäumen, unter denen es sich wunderbar träumen läßt.

Zunächst übernahm Blumhardt wie sein Vorgänger die Pflichten des Pfarramtes in der »zu Tode gepredigten Gemeinde«. Die Formulierung stammt von Blumhardt und deutet den Kirchenschlaf an, unter dem die Pfarrer von Möttlingen zu leiden hatten. Das ganze Elend der Kirche liegt in diesem Satz: Es wird gepredigt und gepredigt, manchmal gut und sehr oft auch langweilig, aber gepredigt wird Sonntag für Sonntag ad infinitum. Was schaut dabei heraus? Die Frage wird selten im selbstprüfenden Sinn gestellt, weil man von vornherein das deprimierende Resultat fürchtet. Auch Blumhardt fuhr zunächst auf dieser trostlosen Bahn weiter. Er meinte nicht, alles ändern und besser machen zu müssen wie heutzutage, da man »eine Revolution der Kirche« proklamiert, deren Ergebnis oft nur darin besteht, daß die Pfarrer im Rollkragenpullover statt im Talar auf die Kanzel steigen! Blumhardt bat vor einer Karfreitagspredigt Gott eindringlich, doch der Not des Kirchenschlafes ein Ende zu bereiten. Tatsächlich wachte während seiner spontanen Kanzelrede ein Zuhörer nach dem andern auf und hörte ihm aufmerksam zu. Mit dem lasterhaften Kirchenschlaf war es in Möttlingen ein für allemal vorbei.

Ganz unerwartet trat ein Ereignis in Blumhardts Dasein, das in einem grellen Kontrast zu dem scheinbar friedlichen Dorf stand. Mit einer Urgewalt brach das Geschehen über Blumhardt und sein Dorf herein. Eines Tages wurde er in einen unheimlichen und einzigartigen Kampf verwickelt, der im vorliegenden Zusammenhang nicht ausführlich erzählt werden kann. Man hat schon mehrfach versucht, diesen Kampf zu schildern, doch ist dies nie gelungen, weil die hierfür nötigen Erfahrungen schlechterdings fehlen. Bloße Intelligenz hilft da wenig, man muß schon Tieferes erlebt haben, um das hintergründige Geschehen richtig zu sehen. Auch sind nicht die Einzelheiten wichtig, sondern allein die unfaßliche Realität, die sich Blumhardt unerwartet aufgetan hat.

Die Handarbeitslehrerin Gottliebin Dittus wohnte mit ihren Geschwistern auf engstem Raum im feuchten Erdgeschoß eines kleinen Häuschens. Heute ist es

renoviert, und man ist dabei, ein bescheidenes Blum-
hardt-Museum einzurichten, ein Zeichen, wie sehr sein
Andenken in Ehren gehalten wird. Das sehr intelli-
gente, aber von früher Invalidität bedrohte Mädchen
erkrankte im Herbst 1841 an einer Gesichtsrose. Gottliebin lehnte zunächst die Besuche Blumhardts ab,
weshalb er fernblieb. Die Krankheit nahm bald eine
ganz andere Form an, der der behandelnde Arzt nicht
mehr gewachsen war. Ratlos sagte er: »Man sollte
meinen, es sei gar kein Seelsorger im Orte.«[1] Auf diesen
Vorwurf hin begab sich Blumhardt wieder in das Haus
der Gottliebin. Die Veränderung der Krankheit fiel ihm
sofort auf, wenn er sich auch über das Wesen des
Leidens nicht klar war. Jedenfalls war von der Gesichtsrose nichts mehr zu sehen. Andere Merkmale zeigten
sich, und unheimlicherweise traten die gleichen Sym-
ptome auch bei der Schwester Katharina und dem
halbblinden Bruder Jörg auf. Blumhardt hatte nicht die
geringste Neigung für okkulte Dinge, Spukgeschichten
interessierten ihn schon gar nicht, und noch weniger
war er neugierig darauf. Von derartigen pseudogeisti-
gen Modetorheiten war er weit entfernt. Gegen seinen
Willen wurde er in die ganze Angelegenheit hineingezogen, wie er selbst sagte, »mit unwiderstehlicher
Gewalt in die Tätigkeit für die Sache hineingeworfen«[2].
Demzufolge hat Blumhardt nichts gesucht, sondern die
ganze Angelegenheit kam ohne sein Zutun über ihn.
Er wurde, ob er nun wollte oder nicht, in die Situation hineingestellt. Blumhardt war kein Freund von
großartigen Worten, und doch spürt man aus seinem
Geständnis die elementare Wucht seiner Erlebnisse.

Als ein Geworfener schritt er dem Kampfgewühl entgegen.

Zunächst bemerkte Blumhardt die abergläubischen Praktiken im Volke. Ein Belächeln dieser Dinge oder auch Spott darüber sind nicht am Platze. Die dunklen Machenschaften knechten die Menschen und bereiten ihnen schwere Ängste. Ohne daß es die Leute wollen, werden sie dadurch in finstere Abhängigkeiten verstrickt, von denen sie sich kaum mehr lösen können. Der echte Glaube wird dadurch blockiert. Glaube und Aberglaube sind Feinde, die sich nie miteinander vertragen. Seltsamerweise wohnen sie auch bei vielen frommen Menschen dicht nebeneinander, ohne daß diesen die Unvereinbarkeit zum Bewußtsein kommt.

Hernach stieß Blumhardt auf die schweren Sünden, die auf den Menschen lasteten. Es waren keine harmlosen Fehlerchen, wie wenn einer sich etwas aneignet oder etwas schwindelt. Bei den Leuten herrschte oft ein sündiges Treiben bis hin zu schwerwiegenden Vergehen, ja, sie schreckten nicht davor zurück, ihre neugeborenen Kinder zu töten. Vor Blumhardt enthüllte sich ein Sündenpfuhl, von dem er bis dahin keine Ahnung hatte. Es legte sich ihm schwer auf die Seele, daß man in den stumpfen Volksmassen dumpf die Tage zubrachte.

Schließlich wurde Blumhardt nach einigen Besuchen bei den Geschwistern Dittus zu seinem eigenen Erschrecken klar, daß bei ihrer Krankheit Satanisches im Spiele war, ein Phänomen, das das Neue Testament mit dem Wort ›Besessenheit‹ bezeichnet. Damit ist das entscheidende Wort gefallen. Wer die Besessenheit bloß als einen atavistischen Begriff bewertet, den ein Gebildeter nicht mehr gebraucht, zu dem kann man nur sagen: »Wer blöde und verzagt ist, der kehre um!«[3], denn er wird vom Nachfolgenden nichts, aber auch gar nichts verstehen. Blumhardt scheute sich nicht zu sagen: »Wer den Satan nicht verstehe, verstehe auch Christus nicht!«[4] Aber er war zu Beginn des Geschehens hilflos gegenüber dieser Wahrnehmung, zumal ihm jede Erfahrung auf solchem Gebiet fehlte. Nun begann jener Kampf gegen die dunklen Mächte, den Blumhardt zunächst mit Gebet und dann mit Gebet und Fasten ausfocht. Andere Mittel gebrauchte er nie; er blieb bei diesen neutestamentlichen Waffen. Das überaus zähe Ringen zog sich über viele Monate hin und dauerte fast zwei Jahre. Blumhardt setzte alle Kräfte ein und besuchte Gottliebin Dittus, sooft er gerufen wurde. Schließlich befahl der unerschrockene Kämpfer dem in ihr wohnenden Dämon, im Namen Jesu Christi auszufahren. Blumhardt beschrieb die Szene: »Das Gebrüll der Dämonen, die zuckenden Blitze, die rollenden Donner, das Plätschern der Regengüsse, der Ernst der Anwesenden, die Gebete von meiner Seite, auf welche die Dämonen nach beschriebener Weise ausfuhren – das alles bildete eine Szene, die sich kaum jemand auf eine der Wirklichkeit entsprechende Weise wird vorstellen können.«[5] Der Kampf dauerte noch einige Zeit weiter, bis die endgültige Wende bei Gottliebin Dittus eintrat. Nach Blumhardts Schilderung war die ganze Szene geradezu unvorstellbar: »Um zwei Uhr morgens brüllte der angebliche Satansengel, wobei das Mädchen den Kopf und Oberleib über die Lehne des Stuhles zurückbog, mit einer Stimme, die man kaum bei einer menschlichen Kehle für möglich halten sollte, die Worte heraus: Jesus ist Sieger! Jesus ist Sieger!«[6], Worte, die im ganzen Dorfe gehört und verstanden wurden. Danach fand das schauerliche Geschehen seinen Abschluß. Blumhardt bemerkte dazu: »Was ich im Geist und Gemüt damals ausgestanden habe, läßt sich mit keinen Worten beschreiben.«[7] Offensichtlich waren Blumhardts schriftstellerische Fähigkeiten überfordert. Wohl vermochte er das grausame Geschehen dank seines Glaubens an Gottes Nähe zu bestehen, aber er war nicht imstande, es adäquat zu beschreiben. Was Blumhardt über das satanische Erlebnis geschrieben hat, ist nur ein hilfloses Gestammel, und wer seine Ausführungen aufmerksam liest, ahnt etwas von seinem Entsetzen.

Sosehr sich Blumhardt davor hütete, den Kampf mit der Besessenheit der Gottliebin und ihrer Schwester bekanntzumachen, er vermochte es doch nicht zu verhindern, daß die Angelegenheit aufmerksam verfolgt wurde. Zuerst erfuhren die Dorfbewohner davon und durch sie weitere Zeitgenossen. Neugierde, Furcht und Befremdung vermischten sich. Das Phänomen der Besessenheit wurde freilich nicht verstanden. Man bewertete das Geschehen als unmöglich und zog es vor, von Okkultismus zu reden. Damit wurden die Dinge verschoben; man sprach von öffentlichem Ärgernis, worauf die liberale Presse mit Hohn und Spott über Blumhardt herfiel. Man stellte ihn als einen Erneuerer des längst überwundenen Geisterglaubens hin, als hätte er sich den Teufel, gemäß mittelalterlichem Volksglauben, mit Bockshörnern und Schwanz vorgestellt! Wer ihm derartige Primitivismen unterstellt, dem kann man bloß sagen: »Du gleichst dem Geist, den du begreifst.« Er hat von Blumhardts Kampf nicht das geringste verstanden. Wer ihn mit Bultmann einen »Greuel« nennt, der spricht damit nur aus, was damals alle Welt darüber dachte. Lebte man doch im neunzehnten Jahrhundert und fühlte sich als aufgeklärter Mensch, der sich alle Dinge rational zurechtlegte – und nun sollten da Dämonen aus einem Menschenkind ausgetrieben worden sein! Das war eine allzu starke Zumutung für die Gebildeten, die deswegen die ganze Sache als bloße Gruselgeschichte betrachteten. Sie schien ihnen zu dumm zu sein, ohne daß sie sich fragten, ob ihre Blindheit gegenüber den unheimlichen Mächten nicht eine noch viel größere intellektuelle Dummheit war.

Die Angelegenheit kam auch dem Konsistorium in Stuttgart zu Ohren, das von Blumhardt einen Rechenschaftsbericht forderte. Er verfaßte hierauf die schon erwähnte »Krankheitsgeschichte der Gottliebin Dittus«, die die Konsistorialräte mit neugierigem Interesse lasen und dann in die Schublade legten. Offenbar wußten sie nicht, was sie dazu sagen sollten, und zogen es vor, wie so oft in der Geschichte, sich in vornehmes Schweigen zu hüllen. Einen Augenschein in Möttlingen vorzunehmen, hielten sie nicht für notwendig.

Eine Frage wurde später aufgeworfen: War Gottliebin Dittus wirklich geheilt? Psychologen bezweifelten es, und Soziologen meinten, sie habe lediglich einen sozialen Aufstieg erzwingen wollen. Die Behauptung entbehrt jeglicher Grundlage. Die Geschwister Dittus waren tatsächlich von ihrer Krankheit befreit. Gottliebin blieb zeitlebens Blumhardts hochgeschätzte Mitarbeiterin. Sie wußte mit geisteskranken Personen umzugehen, half auch Blumhardts Frau im Haushalt und verzichtete stets auf jede Lohnentschädigung. Sie blieb ein selbständiger Mensch und eine tiefgläubige Christin, heiratete später und bewährte sich in allen ihren Arbeiten stets aufs beste. Gottliebin Dittus' Krankheit würde in der Gegenwart der Hysterie zugeordnet, wobei es, kritisch gesehen, nach so vielen Jahrzehnten fragwürdig sein dürfte, eine ärztliche Diagnose zu stellen. Alle diese Bemühungen gehen am eigentlichen Problem vorbei. Angebrachter wäre es, einzusehen, daß hier etwas geschehen ist, das weit über unser Begreifen hinausgeht, weswegen wir auch nicht mitreden können. Blumhardt kämpfte tatsächlich mit den Dämonen, genau wie Antonius von Ägypten, ein Bericht, der in Athanasius' Vita geschrieben steht und auch Grünewald dazu gedrängt hat, ihn auf seinem Isenheimer Altar darzustellen.

Blumhardt sagte, wenn er von seinen Erfahrungen sprach: »Ich wurde – ich kann es nicht anders ausdrükken – gleichsam handgemein mit persönlichen Kräften der Finsternis.«[8] Was heißt das? Wir können seine Aussage vorerst nicht in unsere übliche Vorstellungswelt einordnen. Er wollte damit sagen: Ich habe mich nicht damit beschäftigt, den Begriff »Teufel« richtig zu definieren; ich habe auch nicht über »das Dämonische« tiefsinnig meditiert, und ebensowenig habe ich versucht, das nicht zu erklärende Böse doch zu erklären, weil das alles im Bereich des Theoretischen verbleibt. Nein, ich bin dem Bösen Aug in Aug gegenübergestanden, bin mit ihm in eine höchst reale Berührung gekommen und habe den giftigen Atem während seiner unmittelbaren Anwesenheit gespürt. Es war alles grauenhafte Wirklichkeit. Ich habe mich mit ihm ganz persönlich, eben handgreiflich, herumgeschlagen und weiß wahrhaftig aus eigener Erfahrung um den furchtbaren Zerstörungswillen der satanischen Mächte. Tatsächlich hatte es Blumhardt wieder mit den Mächten zu tun, was etwas ganz anderes ist, als über den Teufel theoretisch zu diskutieren. Blumhardt durfte in aller Bescheidenheit von sich sagen: »Ich habe es gewagt, ob denn nicht mit der Kraft Jesu dem Teufel das Genick gebrochen werden könne.«[9] Das sind ganz unmoderne, massive Worte, aber gerade darin liegt ihre Größe und ihre Kraft.

Im Sinne Blumhardts kann man vorsichtig weiterfahren: Wir leben in der sichtbaren Welt, und unsere Worte entsprechen der greifbaren Situation. Bei Blumhardt dagegen spielten sich die Vorgänge in der unsichtbaren Welt ab, wofür uns die entsprechenden Worte fehlen. Sie standen auch ihm nicht zur Verfügung. Dies kam ihm bei der Abfassung des Berichtes schmerzlich zum Bewußtsein. Nach dem Urteil seines Sohnes versuchte er zu sehr, neuen Wein in alte Schläuche zu fassen. Blumhardt unterschied im Rechenschaftsbericht nicht scharf genug zwischen abergläubischer Zauberei, schweren Sünden und satanischer Besessenheit. Dadurch entstand eine gewisse Unklarheit. Entschieden abzulehnen ist jedoch das leichtfertige Gerücht, Blumhardt habe »in seinem Alter ernsthafte Zweifel gehegt, ob tatsächlich alles Erleben mit der Gottliebin

Wirklichkeit gewesen sei, oder ob ihm der Teufel das, was er gesehen habe, nur vorgegaukelt habe«[10]. Das ist eine typisch theologische Ausflucht: Das Außerordentliche darf nicht außerordentlich gewesen sein. Es muß alles harmlos und dem Niveau eines theologischen Hörsaales angepaßt sein. Von einer Selbsttäuschung, der der nüchterne Blumhardt zum Opfer gefallen sei, kann in keiner Weise die Rede sein. Kein einziger Satz weist auch nur entfernt in diese Richtung. Im Gegenteil. Nach Zündel hat »Blumhardt seinen Kampfeserlebnissen bis zu seinem Lebensende, ja fast je länger je mehr, eine große Bedeutung für die christliche Kirche zugeschrieben«[11]. Er blieb bei seiner Überzeugung, daß es ein persönlicher Kampf mit den Geistern der Finsternis war, mit denen er auf Leben und Tod gerungen habe. In Blumhardts Ringen mit den Mächten hat sich Beispielloses innerhalb der evangelischen Christenheit ereignet, Dinge, die man nicht genügend beachtete. Das kleine Dorf Möttlingen gehört zu den wenigen Stätten, die im 19. Jahrhundert für den Protestantismus eine wirkliche Bedeutung hätten erlangen können, wenn der offiziellen Kirche in ihrem Institutionalismus nicht die Augen gehalten gewesen wären.

Blumhardts Kampf rational zu erklären wäre falsch, und ebenso verfehlt ist das überhebliche Bemühen, ihn besser verstehen zu wollen, als er sich verstanden hat. Beide Einstellungen führen auf die irrige Fährte, die Überrationales der Ratio unterstellt. Auch dürfen wir uns nicht einbilden, durch die Entwicklung in unserem Jahrhundert viele Dinge deutlicher zu verstehen, als es Blumhardt beschieden war. Gerade dies ist nicht der

Fall. Der Mann in Möttlingen hatte es mit einer Form von Besessenheit zu tun, wofür uns schlechterdings alle Maßstäbe fehlen. Blumhardt hat einen Blick in den Abgrund getan, der sonst dem Christen verwehrt ist. Das Wort ›Abgrund‹ stammt aus den Evangelien[12], und auch nach Zündels Biographie vernahmen die Einwohner von Möttlingen den schauerlichen Jammerruf: »In den Abgrund! In den Abgrund!«[13] Ebenso schreibt die Apokalypse vom Abgrund, in dem Satan sich befindet. Was Abgrund ist, kann der heutige Mensch kaum ermessen. Pascal führte in den »Pensées« aus: »Wir eilen sorglos in den Abgrund, nachdem wir etwas vor uns aufgebaut, was uns hindert, ihn zu sehen.«[14] Abbé Boileau ergänzte die Aussage dahin: »Dieser große Geist glaubte beständig einen Abgrund zu seiner Linken zu sehen... Ich kenne die Geschichte als authentisch.«[15] Aber Pascal war eben Pascal, der Mann mit dem Blick in die Tiefe. Die gewöhnlichen Christen mit ihrer Anständigkeitsmoral sind dazu nicht fähig. Blumhardt jedoch sah wirklich in den Abgrund. Durch die unmittelbare Konfrontation veränderte sich die Situation total. Der Abgrund ist Finsternis, ist Gottwidrigkeit, ist satanische Wirklichkeit. Er übersteigt alles bloße Diesseitsdenken, verkörpert das Böse, ist der Sog der Leere, der mit einer beinahe unwiderstehlichen Kraft die Menschen in sich hineinsaugt und verschlingt. Man kann sich nichts Schrecklicheres und Schlimmeres vorstellen. Bei Blumhardts ganz realem Kampf mit den Mächten bleiben alle bürgerlichen Vorstellungen auf der Strecke. Einzig Paulus' Worte vermitteln etwas davon: »Wir haben nicht mit Fleisch und Blut zu kämpfen, sondern mit Fürsten und Gewaltigen, nämlich mit den Herren der Welt, die in der Finsternis dieser Welt herrschen, mit den bösen Geistern unter dem Himmel.«[16] Blumhardt erbleichte ob dem Blick in den Abgrund, bebte zunächst zurück und hielt dann doch mit der letzten Tapferkeit dem grausigen Ungetüm stand. Wir sehen gewöhnlich nur die Vorderseite des Lebens, geben uns allzu vorschnell mit dem oberflächlichsten Anblick der Außenseite zufrieden, und was sich Entscheidendes in der unsichtbaren Welt abspielt, entgeht uns. Man kann es weder aussprechen noch darstellen. Im ausgehenden Mittelalter versuchte es der geheimnisumwitterte Hieronymus Bosch in seinen bizarren Bildern, die wir wegen seiner ungewöhnlichen Kunst bewundern und doch nicht zu deuten imstande sind. Er interpretiert ein Stück jener sichtbar-unsichtbaren Welt, die uns ohne jeden Sinn erscheint und deswegen jede kunsthistorische Betrachtung zu Boden schlägt. Boschs Bilder können uns helfen, Blumhardts Bericht in die richtige Achse zu stellen: Der Abgrund ist dermaßen sinnwidrig, daß er gar nicht verstanden werden kann.

Eine Analogie findet sich bei F. Dostojewski. Er hat mit einem Seherblick in seinem Roman »Die Dämonen« die Schrecknisse geschildert, die wenige Jahrzehnte später grauenhafte Wirklichkeit wurden. War Dostojewski ein Finsterling, der sich noch nicht von der Chiffre ›Teufel‹ befreien konnte? Dies wird doch niemand behaupten wollen, zumal der russische Dichter wie wenige einen prophetischen Blick besaß. Hat nicht in unserer Zeit ein Mann vom Range Bernanos' uns drastisch beschrieben, was es heißt, unter der »Sonne Satans« zu leben? Sind wir denn in metaphysischer Hinsicht völlig erblindet? Ist uns hierin gar nicht zu helfen, und bleiben wir für immer einem primitiven Positivismus verhaftet?

Blumhardts handgreiflicher Kampf mit den Mächten wiegt schwer. Trotzdem ist er nicht das Bedeutsamste, was in Möttlingen geschah. Blumhardt darf niemals als Satanologe eingestuft werden, wenn er auch der Meinung war, daß die Mächte »den Charakter von Persönlichem bekommen« können. Ihm waren nicht die Dämonen wichtig; die Beschäftigung mit ihnen gereicht dem Menschen nicht zum Heil. An seinem Ringen mit den finsteren Gewalten ist einzig und allein der helle Kontrapunkt bedeutsam, den der Satansengel in die zweimal ausgestoßenen Worte zusammenfaßte: »Jesus ist Sieger!« Mit diesem Ruf drehte sich die ganze grauenvolle Situation mit einem Schlag um hundertachtzig Grad. Blumhardt gelangte dadurch zu einer unerschütterlichen Glaubensgewißheit, die ihn nie mehr verließ. Kein anderes Wort war ihm so wichtig wie dieser Siegesruf. Auf ihn allein, nicht auf die Dämonen, kam es ihm an, eine Überzeugung, die ihn prinzipiell von jedem Okkultismus trennt und ihn mit Jesus Christus verbindet. Das Göttliche erwies sich dem Teuflischen weit überlegen. Die Finsternis war verschwunden, und das Licht strömte in den denkwürdigen Raum. »Mir ist ein Licht aufgegangen in die Tiefe, darum auch in die Höhe«, sagte er und erlebte darob das Christus-Ereignis als die große Wahrheit des Neuen Testamentes. Er erfuhr die Jesus-Kraft ganz real; fortan

31

wußte er sich von einer kraftvollen Christus-Wirklichkeit getragen. Auf diese Erfahrung pochte er während seines Lebens mit der ganzen Kraft seiner Persönlichkeit. Beachtet man diese entscheidende Erfahrung nicht, mißversteht man das Geschehen in Möttlingen und muß mit profanen Argumenten versuchen, das zu erklären, was nicht erklärbar ist.

Bedenkt man die erlebte Christus-Kraft im Sieg über den satanischen Zerstörungswillen, vergeht es einem, von oben herab vom »Blumhärdtle« zu reden oder ihn der »allzu großen Gemütlichkeit«[17] zu bezichtigen. Nach Zündel war der Kampf »der Wendepunkt« in Blumhardts Leben. Mit allem Nachdruck betonte er: »Blumhardt selbst ist fortan ein anderer, er ist nicht mehr bloß jene liebenswürdige, fast jungfräuliche Erscheinung, als die er von seinen Jugendfreunden geschildert wird, es ist ein Siegesgeist aus der Höhe über ihn gekommen, der in ihm blieb.«[18] In der Tat war Blumhardt vor und nach dem Kampf nicht mehr der gleiche Mensch. Er war über sich selbst hinausgehoben, ja, er war ein Verwandelter. Vom biederen Landpfarrer war nichts mehr übriggeblieben. Trotz der ganz und gar ungewöhnlichen Erlebnisse blieb er ein bescheidener Mann. Wer nicht nur in den Abgrund geschaut, sondern auch dessen Überwindung durch Jesus an sich erfahren hat, kann sich nicht mehr mit den Harmlosigkeiten des Lebens abgeben. Blumhardt war zu einem kühnen und kraftvollen Exorzisten herangewachsen, der seinesgleichen in der protestantischen Geistesgeschichte nicht hat.

Damit das nicht als eine lose Behauptung erscheint,

deren es bekanntlich viele gibt, müssen wir nochmals fragen: Was war denn das Gewaltige an Blumhardts Austreibung der Dämonen aus dem besessenen Mädchen? Ein Vergleich, der keineswegs polemisch gemeint ist, soll eine grundsätzliche Klärung herbeiführen.

In den theologischen Hörsälen werden ebenfalls die Austreibungen der Dämonen behandelt. Die Exegeten wenden ihre philologisch-kritische Methode an und tun sich mit dem Problem nicht leicht. Es ist unstatthaft, darüber in einem ironischen Ton zu reden. Die Universitäten sind Stätten der Wahrheitsforschung, die Hochachtung verdienen. Dies würde auch Blumhardt nicht bestreiten, trotz seiner diesbezüglichen Vorbehalte. Er formulierte sie dahin: »Seid vorsichtig der Wissenschaft gegenüber und dem Geschrei derer, die geistreich tun wollen und mit Trompeten-Backen reden. Stellet euch innerlich auch über die Wissenschaft hinauf.«[19] Blumhardt sagte dies zu einer Zeit der höchsten Wissenschaftsgläubigkeit, die heute vorbei ist. An den Hochschulen werden aber die neutestamentlichen Vorlesungen gerade im Schatten der Wissenschaft gehalten. Ihre Vertreter handhaben den abstrakten Wahrheitsbegriff des 19. Jahrhunderts, gegen den schon Dostojewski seine Kritik angemeldet hat: »Wenn mir jemand bewiesen hätte, daß Christus außerhalb der Wahrheit steht, und wenn die Wahrheit tatsächlich außerhalb Christi stünde, so würde ich es vorziehen, mit Christus und nicht mit der Wahrheit zu bleiben.«[20] Die theologische Wissenschaft ist der Ratio und nicht dem Logos verpflichtet, und ihre kritische Methode ist nur soweit berechtigt, als man auch gegenüber der Kritik kritisch bleibt und sie als ein Durchgangsstadium bewertet. Die historische Forschung mit ihrer rationalen Denkweise kann dem überrationalen Geschehen in den Evangelien nicht gerecht werden. Der wissenschaftliche Mantel, den sich die Theologie gerne umhängt, ist nachgerade etwas abgeschabt. Darum bleibt bei den Exegeten, seien sie nun orthodox oder liberal, die Dämonenaustreibung im philologischen Bereich hängen, das heißt, sie wird farb- und harmlos; im Grunde ist es eine Beschäftigung mit Papierblumen. Nach ihrem Dafürhalten haben Jesu Dämonenaustreibungen vielleicht stattgefunden, entsprechend den Vorstellungen der damaligen Zeit, die Gegenwart aber hat keine Beziehung dazu. Durch ein solches Denken wird alles blaß und hinterläßt trotz der gescheiten Argumentation keinen sonderlichen Eindruck. Die Zuhörer spüren nichts vom unwiderstehlichen Befehl: »Fahre aus, du unreiner Geist!« Es wird keine Kraft vermittelt, und es fehlt das Entscheidende, weil alles im akademischen Raum verbleibt. Es sind Schwimmübungen auf dem Trockenen. Die tosenden Wasser rauschen weit entfernt. Ungeachtet aller Forschungen verhallen die exegetischen Aussagen, und die Studenten strömen keineswegs aufgewühlt aus den Hörsälen, sondern gehen gemächlich in die Mensa, trinken einen Saft und haben das Gefühl, einer paläontologischen Vorlesung über einen Knochenfund in Zentralasien beigewohnt zu haben.

Anders, total anders verhielt es sich bei Blumhardt. Statt sich mit Konjekturen abzugeben, hat er die Dämonenaustreibung existentiell erlebt. »Du mußt dran denken, daß meine Ansichten nicht sowohl theoretischer, als praktischer Natur sind.«[21] Im realen Ringen war die Vergangenheit höchst bedrängende Gegenwart geworden. Die Besessenheit spielte sich in der allernächsten Nähe ab. Die Dämonen waren aktiv da und zerstörten sichtbar. Noch realer war einzig die Siegeskraft Christi. Sie war auch dem stärksten Widerstand überlegen. Jesus behielt das letzte Wort. Alles war höchst aktuell. Eine graue Theorie wurde über Nacht in eine atemberaubende Praxis verwandelt, an der Blumhardt nicht im geringsten zweifelte.

Es bedarf keiner weiteren Ausführungen, um den grundsätzlichen Unterschied zwischen wissenschaftlicher Exegese und Blumhardts Erfahrungen deutlich zu sehen und zu empfinden. Diese Sicht befreit den Christen vom theologischen Intellektualismus und stellt ihn wieder unmittelbar den zeitlosen Realitäten gegenüber. Die Umstellung von der theoretischen Behandlung auf persönliche Erlebnisse ist absolut notwendig, soll die an einer lähmenden Agonie leidende Christenheit wieder zu durchschlagenden Kräften gelangen.

Das Gefühl einer tiefgehenden Wandlung war in Blumhardt durchaus lebendig, aber seine Zeitgenossen verstanden ihn nicht. Er seufzte: »Aber allein, allein stehe ich. Kein Mensch begreift mich und meine Erfahrungen.«[22] Mehrfach bemerkt Blumhardt bedrückt: »Was ich eigentlich will, überhören sie alle, und nur nebenherum schnappen sie etwas auf.«[23] Auch sein Sohn stellte später fest: »Man räsonierte über meinen Vater, und hintendrein tut man, wie wenn man ihn liebgehabt hätte. Ja, hinausgeworfen habt ihr ihn überall und allein gelassen.«[24] Die Klage war berechtigt. Blumhardt blieb unverstanden in seiner Zeit, war trotz der vielen Besucher mit seinem Ringen allein und fühlte sich »in der Menge der Versammelten doch einsam«. Er hat etwas von der schwer zu ertragenden Einsamkeit des Christen erfahren, worüber es nichts zu jammern und nichts zu trösten gibt. »Der Mensch der Ewigkeit« steht stets als einzelner dem Zeitgeist und der Massenherrschaft gegenüber, nie anders. Es gilt, die Einsamkeit durchzuhalten und nicht der Versuchung zu erliegen, in einer Gruppe bequemen Unterschlupf zu suchen. Die heutige Christenheit kann und darf nicht mehr verständnislos auf Blumhardt und sein Erleben blicken. Es ist an der Zeit, daß der erwachte Christ ein versäumtes Pensum nachholt und aufarbeitet.

Die Situation hat sich seit Blumhardts Lebenszeit noch wesentlich verschärft. Was er als Einzelschicksal im abgelegenen Dorf Möttlingen erlebt hat, hat sich inzwischen zu einer weltweiten Gefahr ausgeweitet. Die heutige Christenheit steht nicht mehr einem besessenen Mädchen gegenüber, sind doch Millionen Menschen von finsteren Mächten beherrscht und stöhnen unter der Knechtschaft, wenn sie auch nicht ahnen, was in der Gegenwart vor sich geht. Es handelt sich nicht mehr um eine einzelne Person, sondern um eine von Dämonien überschwemmte Menschheit. Dies will kein moralisches Gezeter sein, das ohnehin wertlos wäre. Man kann aber gar nicht übersehen, daß überall, in der Politik, im Geschäftsleben, in der Literatur Dämonen am Werk sind und mit verstärktem Eifer zu zerstören versuchen. Eine ratlose Christenheit will in der Anpassung an den Zeitgeist eine Rettung sehen und vergißt dabei, sich auf ihr ursprüngliches Erbe zu besinnen. Blumhardts kämpferische Haltung gegen die Dämonen ist in einer neuen Form zu übernehmen. Dies allein entspricht seinem wahren Verständnis, das auf der Siegeskraft Christi aufbaut – alles andere ist unverzeihlich nachlässig.

Eine Tür geht auf

In der ihm eigenen Einfachheit faßte Blumhardt einmal das Ergebnis des Kampfes in die Worte zusammen: »Damals hat der Heiland vor der Tür gestanden und angeklopft und ich habe ihm aufgetan.«[1] Der heutige Mensch steht auch vor verschlossenen Türen, aber er bringt die Kraft nicht auf, sie zu öffnen, obwohl er die geistesgeschichtlichen Ereignisse als ein Klopfen an die Türe der Menschen verstehen könnte. Nun meinte einmal Blumhardt, wir würden über unseren Streitigkeiten gar oft das Anklopfen überhören. Er beteiligte sich nicht an den uferlosen Disputationen, sondern öffnete die Türe, freilich mit der Bemerkung: »Es kostet etwas, die Türen aufzubringen!«[2] Dies verlangt den vollen Einsatz und die stärkste Anstrengung.

Die Dämonenaustreibung hatte in Blumhardts Dasein nachhaltige Folgen. Zunächst rief sie in Möttlingen eine unerwartete Erweckung hervor, die von pietistischer Seite als die große Tat Blumhardts angesehen wird. Nun wird es keinem verständigen Menschen einfallen, die Möttlinger Bewegung geringzuschätzen. Zwar haftet dem Begriff ›Erweckung‹ eine gewisse Zweideutigkeit an, weil er auch für ungesunde Bewegungen verwendet wurde. Die Möttlinger Erweckung entstand nicht auf Blumhardts Geheiß, sondern sein Kampf löste ganz von selbst eine umfassende Bekehrungswelle von sichtlichem Ernst aus. Sie spaltete die

Gemeinde auch nicht in zwei Parteien, in Bekehrte und Unbekehrte, was an sich unerfreulich ist. Nein, sie ergriff die ganze Gemeinde, mit wenigen Ausnahmen. In Möttlingen ereignete sich ein wirkliches Aufwachen, das nüchtern blieb. Das Geschehen trug das Gepräge göttlichen Ursprungs und war kein menschliches Machwerk. Blumhardt formulierte es so: »Nicht die Bekehrung ist es, aber dahinter ist das, was diese Bewegung hervorgebracht hat, und das ist etwas anderes.«[3] Der aufschlußreiche Satz verdeutlicht: Bekehrungen geschehen alle Tage, bedeutsam ist, wohin sie führen. Viele Bewegungen machen während einiger Zeit von sich reden, und dann verschwinden sie wieder spurlos. Außer Aufregung und Staub bleibt nichts übrig. Tatsächlich ist mit allen Erweckungsbewegungen oft auch viel geistlicher Lärm verbunden. Blumhardt war ein sehr innerlicher Mensch und davon überzeugt, daß »die wichtigsten Dinge im Verborgenen geschehen, davon niemand eine Ahnung hat«[4]. Ihm kam es immer auf das an, was in der Stille geschah, und das war auch in Möttlingen von erstaunlicher Tiefe. Wie der jüngere Blumhardt berichtet, brach in Möttlingen »ein gewaltiger Geist auf. Es war etwas Weltgroßes, in dem wir heute noch stehen.«[5] Es ist nötig, daß der Mensch von Zeit zu Zeit aufgerüttelt und in seiner Trägheit des Herzens geschüttelt wird. Nur dann besinnt er sich. Taumelt er jedoch oberflächlich durchs Leben und wird verschont von Krankheit und Unglück, liegt ihm jedes Umdenken fern. Es bleibt unbegreiflich, daß das namenlose Leid der beiden Weltkriege beinahe spurlos an den Menschen vorbeigegangen ist, denn am

Ende der Kriege fuhren sie dort weiter, wo sie bei Beginn aufhören mußten. Sie sind von einer geistigen Schlaftrunkenheit befallen, da kein noch so gewaltiges Ereignis sie zu stören vermag. Deswegen sind die Erweckungsbewegungen durchaus positiv zu bewerten, wenn sie auch nicht überschätzt werden dürfen. Erweckungsbewegungen wirken wie ein Fieber, ergreifen den Menschen, treiben ihm das Blut in den Kopf und lassen dann plötzlich wieder nach. Bekehrte werden oft rückfällig, unerwartet nehmen sie wieder frühere, angeblich überwundene Gewohnheiten auf und enttäuschen ihre Mitmenschen. Eine wirkliche Wende haben sie in der Welt selten bewirkt. Diese geschichtliche Wahrnehmung ist traurig, doch unbestreitbar, namentlich wenn man die Kirchengeschichte unvoreingenommen betrachtet. Sie gehört zu den niederdrückenden Geschichtseinsichten, von denen auch Blumhardt wußte, als er vom Erlahmen der Möttlinger Bewegung sprach. »Wird dieses Miniaturbild christlichen Volkslebens Bestand haben?«[6] fragte er. Für ihn hatte das liebliche Bild, wenn es nur als Sehenswürdigkeit dastehen sollte, wenig Wert, und von einem längeren Fortbestehen in seinem Ausnahmezustand versprach er sich nichts. Einzigartigkeit kann die Möttlinger Bewegung jedenfalls nicht beanspruchen. Auch sie kam zum Stillstand. Es gab solche Erweckungen vor- und nachher; es wird sie immer geben. »Die Möttlinger haben sich wohl bekehrt, aber wo ist denn Gott? Solche Erweckungen sind wie eine Kugel, die rollt eine Weile und bleibt dann wieder liegen«[7], kommentierte später Blumhardts Sohn.

Blumhardt ist mit der Erweckungsbewegung dem Pietismus am nächsten gekommen. Damals huldigte er der pietistischen Eheauffassung, die die eheliche Beiwohnung ausschließlich unter dem Gesichtspunkt der Zeugung bewertete und alles andere als sündhaft ablehnte. Blumhardt hat dies in seinem Aufsatz »Über die Ehe« ausgeführt.[8] Unnötig zu sagen, daß dieses traditionelle Eheverständnis den Sinn des Eros verkennt und heute nicht übernommen werden kann. Unter dem trüben Einblick in eine verdorbene Volkssexualität erfaßte er die Frage doch zu einfach, zumal er hierin unbewußt auch dem in das Christentum eingedrungenen Manichäismus huldigte. Nicht umsonst heißt es in den Sprüchen Salomons: »Drei Dinge sind mir zu hoch, ja viere sind's, die ich nicht verstehe: der Weg des Adlers am Himmel, der Weg der Schlange auf dem Felsen, der Weg des Schiffes mitten im Meer und der Weg des Mannes beim Weibe.«[9] Die patriarchalische Eheauffassung verkennt die metaphysische Bedeutung der gegenseitigen Einfühlung in der Liebe und erniedrigt den Geschlechtsakt zu einer bloßen Zweckhandlung, was widersittlich ist und worüber Max Scheler das Nötige gesagt hat.[10] Richard Haug hat in einer sorgfältigen Arbeit nachzuweisen versucht, daß Blumhardt »stärker, als bisher gesehen wurde, im schwäbischen Pietismus seiner Zeit verwurzelt ist«[11]. Dabei gibt Haug ehrlich zu, daß Blumhardt den separatistischen Pietismus überwunden habe, daß sich bei ihm »keine spezifisch pietistische Sprache findet«[12] und daß er in »einem Spannungsverhältnis zu den damaligen Pietisten stand«[13]. Auch sei Blumhardts »besonderes Anliegen bisher nur spärlich vom Pietismus aufgenommen worden«[14], Beobachtungen, die durchaus richtig sind, aber gegen Haugs These sprechen! Blumhardts Herkunft aus der pietistischen Landschaft ist die eine Seite, die andere aber, das Durchbrechen des Pietismus, ist viel bedeutsamer. Nicht was er mit dem Pietismus gemeinsam hat, ist wichtig, sondern wodurch er über ihn hinausragt. Das christliche Leben geriet bei ihm erneut in Bewegung, jedenfalls hat er einen kühnen Schritt ins Neuland getan.

Unmittelbar vertrat Blumhardt immer wieder über den Pietismus weit hinausragende Ansichten. Als Beispiel sei seine Stellung zum Gebet angeführt. In pietistischen Kreisen wird das gemeinsame Beten auf den Knien gepflegt, wobei jeder Anwesende seine Anliegen offen darlegt. Blumhardt war in seelischer Beziehung ein keuscher Mensch und vermochte deswegen nur alleine mit rechtem Ernst zu beten. Auch machte er keinen Unterschied zwischen gläubigen und ungläubigen Menschen. Völlig unvoreingenommen sprach er mit Bekehrten und mit Unbekehrten. Ebenso war er frei von aller ängstlichen Gesetzlichkeit, hielt er sie doch mit der Freiheit eines Christenmenschen für unvereinbar. Dies alles paßt nicht ins pietistische Schema, wenn er sich auch nie prinzipiell mit ihm auseinandergesetzt hat. Deswegen ist Roessles Feststellung richtig: »Man wird ihn nicht ohne weiteres als schwäbischen Pietisten ansprechen dürfen.«[15] Bei Blumhardt findet sich auch keine Polemik gegen den Pietismus, weil sie zu keinem Ziel führt. Den Pietismus überwindend, legte er das Hauptgewicht nicht auf die Bekehrung. Er betonte:

»Erlöste. Ich sage euch, das ist ein viel besseres Wort als das Wort ›Bekehrte‹… aber erlöst sein, das begreift kein Mensch, was das heißt!«[16] Es geht nicht um ein anderes Wort, sondern um ein ganz anderes Seinsgefühl der Christen. Blumhardt eröffnete mit seinem Erlösungs-Verständnis eine neue Dimension, die in Joseph Wittigs Schriften, ohne einen direkten Zusammenhang, ein frohes Echo gefunden hat. Blumhardt selbst war ein erlöster, kein bloß bekehrter Mensch, eine Erfahrung, die den hellen Klang und die frohgemute Zuversicht in seine Verkündigung brachte.

Während der Erweckungsbewegung trafen sich die Leute in Möttlingen zur gemeinsamen Bibellektüre. Blumhardt dagegen scharte die Männer und die Jungmannschaft um sich, hielt ihnen aber keine Erbauungsreden, sondern las ihnen die Zeitung vor und besprach mit ihnen das Weltgeschehen. Ungeachtet seiner starken Beanspruchung verlor er nie den Blick für das Ganze und bewertete die politischen Vorgänge nicht als eine bloß weltliche Sache. Auch gründete er damals in Möttlingen einen der ersten Kindergärten und sagte dabei: »Dringend möchte ich alle Erzieher bitten, immer nur darauf zu achten, daß der Frohsinn erhalten bleibe, und das zu beseitigen, was das Kind verdrießlich macht.«[17]

Bedeutsamer ist nach Blumhardt das, was hinter der Erweckungsbewegung steht. Dies wird sichtbar, wenn man nach der unmittelbaren Ursache und der Vorgeschichte der Erweckungswelle fragt. Ein heruntergekommener Mann aus der Gemeinde trat angstvoll mit der Frage an Blumhardt heran, ob er wohl noch könne selig werden. Im Laufe des Gesprächs bekannte er schwere Sünden. Der Pfarrer entließ ihn mit beruhigenden, tröstenden Worten. Am andern Tag war der Mann wieder da und sagte: »Herr Pfarrer, ich habe Ihnen nicht alles gesagt, ich muß noch mehr sagen, ich muß alles sagen.« Blumhardt hatte erneut den Eindruck, daß im Volk schwere Sünden im Schwange seien. »So, jetzt habe ich alles gesagt, jetzt müssen Sie mir aber meine Sünden vergeben«, damit hatte der Mann sein Geständnis beendet. Blumhardt versicherte ihn der Gnade Jesu Christi. »Nein, Herr Pfarrer«, antwortete er, »das ist nicht genug. Sie müssen mir Absolution geben. Ich habe meine Sache getan, jetzt müssen Sie die Ihrige tun.« Blumhardt war zunächst von diesem Ansinnen überrascht, wußte nicht, was er tun sollte, zögerte, dann aber legte er dem Mann die Hand auf das Haupt und verkündete ihm die Vergebung der Sünden. Das war eine bedeutende Stunde im Leben Blumhardts. »Den Eindruck aber, den die Absolution auf mich und den Mann machte, kann ich nicht vergessen«, sagte Blumhardt. »Eine unaussprechliche Freude leuchtete aus dem Angesicht des Mannes, und mir war's, als ob ich in eine ganz neue, mir völlig unbekannte Sphäre hineingezogen wurde, in welcher heilige Geisteskräfte rege wurden.«[18] Zündel nannte dieses Geschehen »den zweiten Wendepunkt in Blumhardts Leben«[19]. Tatsächlich hat er in einer ungewohnten Situation richtig geantwortet. Es war ihm bewußt geworden, daß Kräfte, Evangeliumskräfte nötig sind und nie nur fromme Worte.

Wie ist diese Szene zu interpretieren? Es war eine

eindeutige Beichte mit Vergebung. Dies hört sich leicht an, aber man muß sich dieses Ereignis konkret und in der ganzen Tragweite klarmachen. Die lutherische Kirche hat die Ohrenbeichte abgeschafft und sie durch ein kollektives Sündenbekenntnis in einem Gottesdienst ersetzt. Dies war offenkundig eine Notlösung, der etwas Unbefriedigendes anhaftet, indem das Sündenbekenntnis zu allgemein gehalten ist. Durch die Bitte des heruntergekommenen Mannes und die darauf gegebene Antwort hat Blumhardt die Beichte im evangelischen Raum wieder entdeckt. Das war kein effektvoller Vorgang und doch ein überaus heilsames Geschehen. In Möttlingen begriff man zunächst sein Verhalten keineswegs. Ein Pietist meinte denn auch: »Das ist eigentlich doch katholisches Zeug, wie's unser Pfarrer treibt.«[20] Viele evangelische Christen tragen solche Einwände mit sich herum und fürchten, man nähere sich der katholischen Kirche, eine Einstellung, die nur eine konfessionelle Voreingenommenheit verrät. Man fragt nicht, ob ein Tun richtig oder falsch ist, sondern aus welchem kirchlichen Lager es stammt. Damit verbaut man sich viele Wege. Blumhardt war auf jeden Fall frei von diesen Vorurteilen.

Es ist nötig, die Blumhardtsche Art von Beichte genauer zu betrachten, wenn auch nicht auf alle Fragen eingegangen werden kann. Er imitierte nicht, sondern gab der Beichte eine neue Form. Im Unterschied zur katholischen Kirche blieb die Beichte bei ihm der völligen Freiwilligkeit überlassen. Keiner wurde zur Beichte genötigt. Er hat viele Menschen seelsorgerlich betreut, ohne daß sie bei ihm beichteten. Jeder Zwang war ausgeschlossen, es fehlte der Beichtstuhl und auch die Regelmäßigkeit der Beichte. Man mußte bei ihm nicht die nötigende Osterpflicht erfüllen und sich ächzend in den Beichtstuhl zwängen. Man durfte beichten und mußte es nicht tun, wenn man sich nicht von Schuld bedrückt fühlte. Blumhardt führte seelsorgerliche Gespräche und erteilte die Absolution, wenn jemand darum bat. Er hütete auch streng das Beichtgeheimnis, war vorsichtig mit der Lossprechung, indem er sie nicht zu rasch vollzog. Nicht Blumhardt vergab die Sünden, sondern im Namen Jesu versicherte er den Sünder der Vergebung. Die lutherische Kirche anerkennt in der »Augustana« die Beichte, aber in der Neuzeit vergaß man dies. Blumhardt hat die Beichte wieder eingeführt, ohne eine Institutionalisierung anzustreben, was auch nicht wünschenswert ist. Nach ihm soll das Beichtgespräch eine freie Möglichkeit bleiben, da ja nicht alle Menschen dieser Hilfe bedürfen. Diese priesterliche Gesinnung gehört zum Christsein. Fortan schaute er die Menschen im Lichte der Vergebung an. »Sünden anderer weiß ich nicht, auch wenn sie mir von noch so viel Ohrenbläsern zugetragen werden, sie gehen mich nichts an, bis sie mit der Frage um Vergebung an mich gelangen«[21], war einer seiner Grundsätze.

Für Blumhardt hatte das Erlebnis mit dem Manne eine unerwartete Folge. Durch die überraschende Entdeckung der Beichte, die wiederum ungewollt an ihn herangetreten war, wurde er zu einem Seelsorger sui generis. Im Einzelgespräch erstrahlte sein Charisma, das in der unmittelbaren Zuwendung zu den Nöten seiner bedrängten Besucher bestand. »Was aber nun, könnte man fragen, ist denn deine Behandlung? Antwort: Gar keine! Ich bin ein Seelsorger und nichts weiteres... Das Evangelium ist nicht bloß Wortwerk, sondern eine Kraft.«[22] Das spürten auch die Leute und strömten deswegen in Scharen herbei. Nicht nur die Gemeindeglieder von Möttlingen kamen in sein Haus, sondern von weit her pilgerten die Hilfesuchenden zu ihm. Blumhardt war oft während des ganzen Tages von Menschen buchstäblich belagert, und nachts pflegte er zusätzlich noch viele Briefe zu beantworten. Alle Menschen, ob vornehm oder einfach, jung oder alt, Frau oder Mann, haben ihre seelischen Lasten zu tragen, die sie zwar gerne verbergen, von denen sie sich aber doch erleichtern möchten. Sie lieben es nicht, wenn man neugierig darin herumwühlt, und deswegen sind sie für einen guten Seelsorger, der ihnen geduldig zuhört, überaus dankbar. Blumhardt zählte zu den ganz großen Seelsorgern der Christenheit. Ihrer gibt es leider wenige, und dabei leben so viele Menschen mit einer verworrenen Seele und hoffen auf eine Befreiung. Wer bei Blumhardt gebeichtet hatte, bekam einen Vorgeschmack von dem, was es heißt, erlöst zu sein.

Blumhardt erfaßte intuitiv die Eigenart eines Menschen, verstand es, ihn seelsorgerlich anzusprechen und ihn sanft auf seinem Lebensweg zu begleiten. Nie setzte er eine Amtsmiene auf, und vom »Andächteln« hielt er schon gar nichts. »Aber schwer ist es zu sehen, daß die christlichsten Leute am verkehrtesten denken und reden«[23], sagte er und gab seinen Besuchern klare Antworten: »Umfallen ist keine Sünde, aber Liegenbleiben.«[24] Er warnte sie ganz unpastoral, nicht an ihren »Tugenden« zugrunde zu gehen.[25] Einmal sagte er: »Es gibt solche, die wollen nur immer Fragen beantwortet wissen. Was braucht es denn aber viel Fragens? Tue einer, was er weiß.«[26] Obschon Blumhardt die Sünde nicht als ein moralisches Vergehen mißverstand, sondern in ihr eine objektive Macht sah, spürte man in der Seelsorge sein weites Herz, das den Menschen riet, sich ihrer Fehler nicht allzusehr zu schämen, sondern darüber zu lächeln.[27] Nach ihm sollten sich Leidtragende nicht unablässig in die Trostlosigkeit hineinbohren. Er vertraute jungen Menschen und bemerkte voll kühner Milde: »Es sind Engel um sie. Vergesset das nicht, und pfleget euer Gemüt.«[28] Als ein Pfarrer zögerte, eine Ehe Geschiedener einzusegnen, antwortete ihm Blumhardt: »Die Vorgeschichte dieser Leute geht dich als Pfarrer gar nichts an, das ist Sache der Obrigkeit. Diese Leute treten nun einmal miteinander in die Ehe und hiezu bedürfen sie sowieso des göttlichen Segens, und den gibst du ihnen.«[29] Das war beinahe modern und trotzdem richtig geurteilt. Er hat sich die Sache nicht leicht gemacht; seine Antwort kam aus der Verantwortung heraus. Er eilte damit der Kirche weit voraus, die die Frage der Geschiedenen nicht zu bewältigen fähig ist, weil sie sich an den Buchstaben gebunden hat und nicht aus der Erlösung heraus lebt. Man spürt, Blumhardt war bemüht, die Menschen in ein versöhnendes Verhältnis zu Gott zu bringen.

Als das Konsistorium erfuhr, daß Blumhardt den Beichtenden bei der Absolution die Hand auflegte, da schwieg es nicht wie bei der Lektüre der »Krankheitsgeschichte«, sondern rügte den außergewöhnlichen Pfarrer und verbot ihm diese Gebärde. Man versteht dieses Verhalten der kirchlichen Behörde nicht. Der Verweis schmerzte den erleuchteten Blumhardt, aber er nahm ihn demütig hin und gehorchte.

Die Seelsorge ist heute der wunde Punkt in der Kirche, hat sie doch diese Sorge um den Nächsten größtenteils dem Psychiater überlassen müssen, was eine beschämende Tatsache ist. Die Psychiater betrachten den Menschen als Patienten, legen ihn in der Sprechstunde auf die Couch und versuchen, soviel als möglich aus ihm herauszuholen. Sie bemühen sich, durch Traumanalysen zu erklären, welche Erlebnisse ins Unbewußte hinabgesunken oder verdrängt worden sind und weshalb Schwierigkeiten aufgetreten sind. Diese ärztliche Hilfe hat durchaus ihre Berechtigung; es geht nicht an, daß zuweilen Gegner der Tiefenpsychologie dieses Tun als gefährlich bezeichnen. Es ist jedoch nicht Seelsorge im christlichen Sinn, denn es geht dabei nicht um die Sorge für die Seele und ihr Heil. Blumhardt hätte nicht auf die teuren Rechnungen einer psychiatrischen Behandlung und auf die oft mehr als fragwürdige Bestätigung des Patienten hingewiesen, sondern hätte höchstens gesagt: »Ein Glas trüben Wassers wird nicht durch Umrühren klar, sondern durch Ruhe.«[30] Er hielt eine allzu starke Beschäftigung mit dem eigenen Ich nicht für ratsam und wies die Menschen auf *eine* Sache hin.

Eine ernsthafte Lektüre Blumhardts könnte zu einer Wiedergewinnung der Seelsorge führen. Die frühere Seelsorge war zu moralistisch ausgerichtet, weshalb die

Leute das Pfarrhaus zu meiden begannen. Die Sünde sich auf den Kopf zusagen lassen, erträgt niemand gern. Diese Haltung entspricht auch nicht einer priesterlichen Gesinnung. Die neue Seelsorge muß verständnisvoller sein, nicht im Sinne des törichten Wortes »Alles verstehen, heißt alles verzeihen«, wohl aber im Glauben an die unendliche Barmherzigkeit Gottes, die allein dem Menschen das Gefühl des Erlöstseins vermittelt. Blumhardts Seelsorge ist auch heute hilfreich, denkt man an sein bekanntes Wort: »Der Mensch muß sich zweimal bekehren: einmal vom natürlichen Menschen zum geistlichen Menschen, und dann wieder vom geistlichen Menschen zum natürlichen.«[31] Die erste Bekehrung erfolgte im Pietismus, die zweite aber blieb in der Christenheit aus. Bei ihr setzte das neue Denken, Fühlen und Tun ein. Beide Bekehrungen müßten miteinander verbunden werden, denn daraus ginge eine heilige Natürlichkeit hervor, die dem heutigen Christentum wieder Weite und Tiefe verleihen würde. Der Unterschied zwischen Heiligem und Profanem soll keine unübersteigbare Hürde sein, da doch alles vom Göttlichen durchdrungen ist. Blumhardts Persönlichkeit war großartig unvoreingenommen; er kannte die wundersame Heiterkeit und war innerlich frei von allem verklemmten Puritanismus. Ihm sah man die Erlösung an. Das Irdische kommt auch von Gott, sagte er und fühlte keine ängstliche Engherzigkeit gegenüber der Welt, sondern wußte, daß die Freude nicht von Gott wegführt. Blumhardt besaß die Gabe, Religiöses und Menschliches, Geistliches und Weltliches miteinander zu verknüpfen, ohne es unstatthaft zu vermengen.

Man möchte den jungen Pfarrern raten, sich die großen Seelsorger zum Vorbild zu nehmen. Es haben sich von Blumhardt viele Briefe seelsorgerlichen Inhaltes erhalten. Dringend notwendig wäre es, sie in ungekürzter Form und auch nicht in bloß subjektiver Auswahl zu veröffentlichen. Blumhardt beantwortete darin mit großer Weisheit mannigfache Fragen. Seine seelsorgerlichen Ratschläge sind Impulse und dürfen daher nicht in ein System gepreßt werden.

In Blumhardts Seelsorge tat sich ein Stück Himmel auf, und zwar im buchstäblichen Sinn des Wortes, denn es geschahen leibliche Heilungen, die die Menschen »Wunder« nannten. Es besteht kein Anlaß, dies zu verschweigen, aus Furcht vor modernen Vorurteilen. Blumhardt sah nicht nur die Seele des Menschen, sondern erfaßte den ganzen Menschen, eine Einsicht, mit der er seiner Zeit weit vorausgeeilt ist. Es wäre eine fatale Verkennung, ihn deswegen einen »Wunderpfarrer« zu nennen, zumal er jede Wundersucht strikt ablehnte. Die Frage »Wunder oder Naturgesetze« ist eine Frage des vergangenen Jahrhunderts. Für Blumhardt waren Wunder möglich, hatte er doch selbst zu viele erlebt, um hier nur den geringsten Zweifel aufkommen zu lassen. Das Evangelium wirkt sich auch auf den Körper aus und erfaßt den Menschen in seiner Ganzheit. Wie Jesus Kranke heilte, hoffte auch Blumhardt auf eine Zeit, in der Heilungswunder wieder geschähen und Charismen neu wirksam würden. Für ihn waren die Wunder nicht an sich wichtig, vielmehr verstand er sie als Zeichen, die auf den Ewigen hinweisen. Er dachte und fühlte biblisch und konnte sie daher gar nicht anders auffassen. Unvoreingenommene Menschen haben sich später vor Blumhardts heilendem Tun ehrfürchtig verneigt. Der Dichter Hugo von Hofmannsthal schrieb an Dora Bodenhausen: »Tief berührt in seiner Wahrheit und frommen Einsicht hat mich alles, was in Ihrem Brief Blumhardt über Wesen und Leiden ausspricht.«[32]

Dagegen schaltete sich das Konsistorium zum dritten Male ein. Als es von Blumhardts heilendem Wirken hörte — auf eine gehässige Anzeige des unsympathischen Pietisten Dr. de Valentin —, verbot es ihm kurzerhand leibliche Heilungen in seiner Seelsorge und verwies ihn auf die Ärzte.[33] Man traut seinen Augen nicht, wenn man in dieser kirchlichen Verfügung liest, der Pfarrer solle sich auf das »Erbauen und Trösten« beschränken! Im Markusevangelium weissagt Jesus seinen Jüngern, »Kranken werden sie die Hände auflegen, und sie werden genesen«[34]. Wenn ein Pfarrer den Worten Christi nachlebt, schreitet die kirchliche Behörde ein und verbietet ihm das. Traurig darüber muß man sich allen Ernstes fragen: Ist es die Aufgabe des Konsistoriums, das Christentum lendenlahm zu machen? Ist Ruhe die erste Christenpflicht, und soll immer alles so bleiben, wie es ist? Kann man sich da noch wundern, daß die Kirche immer mehr ins Hintertreffen gerät, ihre Räume sich leeren und die Menschen sich anderswo nach Hilfe umschauen? Es geht mir gewiß nicht um eine Anprangerung; werden aber oben und nicht unten solche tiefgreifenden Fehler gemacht, darf man nicht schweigen.

An dieser Stelle muß man die Frage auch einmal

umdrehen und Blumhardt mit den Augen der kirchlichen Behörde betrachten. Wie erschien dieser Mann dem Konsistorium? Von dessen Standpunkt aus gesehen war Blumhardt unbequem, indem er die Kirchhofsruhe störte, die man unter allen Umständen zu erhalten wünschte. Man muß dies auch bis zu einem gewissen Grad begreifen, denn wenn ein Mensch sich in einen kirchenrätlichen Sessel niedersetzt, übt dieser Sitz auf ihn ungewollt eine solche Macht aus, daß er nicht mehr der gleiche Mann ist wie vorher!

Blumhardt, der erleuchtete Christ, sah den geistigen Schaden der Kirche, litt unter ihrer Verhärtung und empfand schließlich seine kirchliche Tätigkeit als eine Fessel. Aus dieser Einsicht sprach er öfters mit bewegten Worten von der »Armut der Kirche« – nicht wie die Befreiungstheologie von der Kirche der Armen –, womit er das offensichtliche Fehlen der Charismen meinte. Schon bei Johann Christoph Blumhardt gab es bedrückende Kirchenprobleme. Er hat sich dem unverständlichen Verbot des Konsistoriums unterzogen, aber es schmerzte ihn tief. Später tadelte er offen die Kirche, daß sie »mit unbegreiflichem Egoismus die Christenheit anderer Konfessionen, geschweige denn die übrige Welt so gut wie nie in Anschlag gebracht habe«[35] und »daß auch in der protestantischen Kirche ein zeremonieller Mechanismus eingetreten sei ohne Geist und Leben«[36]. Die Gegenwart sollte daraus die Konsequenz ziehen und einsehen, daß die Kirche nur Wegweiserfunktion hat und die Kirchengeschichte niemals der Gottesgeschichte gleichgesetzt werden darf.

Blumhardt erlebte Dinge, die andere Leute nicht erleben und die einen überaus hellen Schein auf seinen Lebensweg werfen. Eines Tages spazierte Blumhardt mit einigen Männern aus seiner Gemeinde über die Felder. Sie erreichten schließlich den Wald und kamen auf eine große Lichtung, standen still, worauf Blumhardt sagte: »Ich habe unterwegs einen Vers gemacht, und den wollen wir jetzt zu unserer Stärkung singen.« Die paar Männer sangen mit kräftiger Stimme in den Wald hinein, trauten aber ihren Ohren kaum, als sie hörten, daß sie nicht allein sangen. Es war, als ob unsichtbare Heerscharen sich hergedrängt hätten und alle mitsängen.[37] Das großartige Erleben als bloßes Echo zu erklären, ist außerordentlich kläglich. Es zu verteidigen, ist ebenfalls völlig unnötig. Man muß es in seiner Einmaligkeit stehenlassen. Das Ereignis könnte in den »Fioretti«, ja in der Bibel stehen. Es mutet wie eine kostbare Legende an, deren es in der evangelischen Christenheit nur ganz wenige gibt. Die Blumhardtsche Landschaft ist höchste Realität, ist eine Welt, in der noch Engel ein- und ausgehen. Ein solches Geschehen läßt sich weder erfinden noch nachahmen, es ist ein reines Geschenk und löst als solches eine unbeschreibliche Freude aus.

Der Schrei

Der norwegische Maler Edvard Munch malte 1893 eine laut aufschreiende Gestalt. Er gab dem Gemälde den Namen: Der Schrei. Der Künstler sagte nicht genau, warum der entsetzte Mensch einen solchen Schrei ausstieß. Offenbar muß ihm etwas Furchtbares, Grauenhaftes widerfahren sein. Man merkt ihm an, daß ihn eine unerhörte Angst gepackt hat, denn sonst schreit man nicht dermaßen in die Welt hinaus. Dieses unstreitig eindrucksvolle Bild vergißt man nicht so schnell wieder. Blumhardt konnte dieses Bild nicht kennen, weil es zu seinen Lebzeiten noch gar nicht existierte. Er aber wurde in seinem bewegten Dasein von einem ähnlichen Entsetzen geschüttelt.

Die Möttlinger Bewegung gab ihm nicht das Gefühl des Reichtums im Sinne von »Wir haben es«, im Gegenteil, er wußte um die Armut. Bei aller inneren Vollmacht, mit der Blumhardt sprach, war er stets vom Gefühl durchdrungen: »Unsere Sache ist doch nicht ganz richtig.«[1] Das ist ein seltenes, aber sehr wichtiges Bewußtsein. Nur nicht sich selbst einbilden, man habe die Wahrheit in der Tasche. Das Ungenügen entspricht der Erkenntnis: »Es ist noch nicht erschienen, was wir sein werden.« Blumhardt seufzte zuweilen über die Armseligkeit der Christenheit: »Wir sind arm«, sagte er und meinte dies in geistiger Beziehung. Tatsächlich sind wir heute eine arme Kirche, in der die Brünnlein Gottes nur noch spärlich fließen. Es ist besser, die geistige Armut der Christenheit bis ins Innerste zu fühlen, als sie mit einer fragwürdigen triumphalen Gebärde zu überspielen. Kirchentage mit ihren Massenversammlungen verbreiten einen trügerischen Schein um sich und verschleiern eher den wahren Zustand der zerklüfteten Christenheit. Blumhardts Wahrnehmung besteht zu Recht: Wir sind, trotz der Kirchensteuern, gegenwärtig eine arme Kirche. Vielleicht sind wir gerade wegen der materiellen Sicherheit eine an geistiger Armut leidende Kirche; dies zeigt sich in ihrer Verwirrung und ihrer Ratlosigkeit. Sich zu dieser bettelarmen Kirche bekennen und aus ihrer Not zu Gott schreien, hat die Verheißung der bittenden Witwe im Gleichnis Jesu.

Als Blumhardt die Armseligkeit der Christenheit immer deutlicher spürte und ihm bewußt wurde, wie unbeweglich die Dinge in der Kirche von Jahrzehnt zu Jahrzehnt am gleichen Ort verharren, empfand er die ganze Situation wie einen über ihn fallenden Berg. Mit lauter Stimme rief er: »Die Christenheit hat den Pfingstgeist nicht mehr, der ihr doch von Gott zugedacht ist.«[2] Die Worte stammen nicht aus einer momentanen Verärgerung. Er hat sie auch nicht leise vor sich hingelispelt. Es war durchaus ein Schrei der Bestürzung, ja, ein Urschrei, der noch heute nicht verklungen ist. Blumhardt stieß ihn erstmals im Februar 1844 aus, als er noch ganz mit den Ereignissen in Möttlingen beschäftigt war. Es bleibt bedeutsam, daß er inmitten der persönlich erlebten Not und Hilfe zu dieser niederschmetternden Erkenntnis gekommen war. Ob er wollte oder nicht wollte, er konnte nicht schweigen. Er hat nicht durch eine sorgfältige Analyse festgestellt, daß der Christenheit der Pfingstgeist abhanden gekommen ist. Wer hätte nicht schon ein ähnliches Wehgefühl beim Anhören einer Pfingstpredigt empfunden! Wie beschämend kraftlos sind doch die Worte, die bei diesem Fest von den Kanzeln gesprochen werden. Niemals dachte Blumhardt daran, die Christenheit zu provozieren – ein derart billiges Verhalten wird ihm niemand zuschreiben wollen. Er litt unter dem Fehlen des Pfingstgeistes; es bedrückte ihn so sehr, daß seinem gepreßten Herzen dieser Notschrei entfuhr. Nicht Kritiklust hatte ihn dazu veranlaßt, sondern eine Kummerwolke, die auf seinem Gemüt lastete.

Nichts wurde Blumhardt mehr übelgenommen als dieser Schrei. Fortan galt er als der Mann, der die Christenheit verwirre. Man empfand seine Äußerung geradezu als eine Beleidigung, was eine völlig falsche Reaktion war. Es handelte sich weder um ein gedankliches Fündlein noch um Polemik und schon gar nicht um eine Häresie. Dank einer elementaren Erleuchtung wußte er, daß etwas nicht in Ordnung ist, daß der Christenheit etwas fehlt, und zwar nicht etwas Beliebiges, sondern das Zentrale, das Bedeutendste, das es überhaupt gibt: der Heilige Geist. Dieses Fehlen durchdrang Blumhardt bis ins Innerste. Es war ein primärer Vorgang, den die kirchlichen Kreise sonderbarerweise gar nicht verstanden, und dabei hatte Blumhardt den Grund des Übels beim Namen genannt: Die Christenheit steht nicht mehr unter der Leitung des Heiligen Geistes. Das war keine persönliche Meinung, vielmehr ist der Schrei einer göttlichen Mitteilung gleichzusetzen. Dabei dachte Blumhardt keineswegs, der Heilige Geist sei verschwunden, wohl wissend, daß die Christenheit ohne ihn keinen Tag überleben könnte. Doch hat er sich – menschlich geredet – zurückgezogen, und gerade deswegen fehlen uns die Charismen, die in den urchristlichen Gemeinden gegenwärtig waren. Nach Blumhardt kann die persönliche Innewohnung des Heiligen Geistes unmöglich noch da sein, sonst müßte die Verständigung der Christen untereinander stattfinden. Gottes Geist und Feuer glimmt höchstens noch ein wenig unter der Asche. Blumhardt sprach auch nie vom Heiligen Geist als dem »dritten Artikel« des Glaubensbekenntnisses, weil dies an die Geschäftssprache erinnert. Vom Parakleten darf nicht begrifflich-abstrakt gesprochen werden, zumal es nach Blumhardt mißlich ist, »wenn Geistliches ohne Geist getrieben wird«[3]. Für ihn war der Heilige Geist als ein Persönliches aus Gott erkennbar, fühlbar, ja als Feuerglanz sichtbar. Das ist nicht mehr der Fall, denn an seine Stelle ist ein Naturgeist getreten; der persönliche Pfingstgeist ist verlorengegangen. »Man hat es gelernt, ein Evangelium ohne den Heiligen Geist zu haben, bei welchem man doch den wahrhaften Gott nicht recht fühlt, man weiß auf künstliche Weise zu reden, es fehle an nichts, und es fehlt doch alles«[4], stellte Blumhardt fest und legte damit den Finger auf die Wunde der Christenheit.

In keiner Stunde seines Lebens begnügte sich Blumhardt mit der Feststellung, »wir haben den Heiligen Geist nicht mehr«. Sein christliches Armutsgefühl ballte sich zu einer einzigen Bitte zusammen, die ihn dazu trieb, an einem Pfingstfest in die Gemeinde hineinzuschreien: »Wenn wir nicht eine neue Ausgießung des Heiligen Geistes bekommen, so sind wir Möttlinger verloren!«[5] Fortan sagte Blumhardt: »Das muß kommen, wenn es mit unserer Christenheit anders werden soll. Ich spüre es, so ärmlich darf's nicht fortgehen. Die ersten Gaben und Kräfte sollten wieder kommen!«[6] Die Bitte um eine neue Ausgießung des Geistes ist das innerste Leitmotiv von Blumhardts Leben. Nach ihm hat in der Geschichte der Christenheit eine verhängnisvolle Zurückdrängung des Parakleten stattgefunden, der doch nach Christus ewig bei ihr bleiben soll. Die Christen bedürfen wieder einer persönlichen Einwohnung des Geistes, anders formuliert, die Christenheit bedarf einer neuen Offenbarung des Heiligen Geistes, ansonst sie am Alten hängenbleibt und ihre Schäden in anderer Art auftauchen. Es gibt keinen Satz, der häufiger über Blumhardts Lippen kam als diese Bitte, und dabei dachte er durchaus an das Brausen des Geistes beim ersten Pfingstfest, das wie ein Feuer wirkte. Immer wieder sprach er diese Bitte aus und gar oft schloß er seine Predigt mit den Worten: »Herr, schenke uns eine neue Ausgießung des Heiligen Geistes.« Dieses Flehen wurde zum Hauptinhalt während der zweiten Hälfte seines Lebens und gab ihm einen ungeheuren Auftrieb. Dies hätte doch die beleidigten Kirchenmänner stutzig machen sollen, daß es Blumhardt nie um eine Verneinung ging. Ungemein positiv flehte er um eine neue Ausgießung des Heiligen Geistes. Bei aller Sehnsucht und aller Hoffnungsfreudigkeit blieb Blumhardt zeitlebens ein ganz nüchterner Mann, der sich von allen Verstiegenheiten und aller Schwärmerei fernhielt. Die pfingstliche Hoffnung lebte eminent stark in ihm: »Du stellst dir vielleicht das Wunder, das kommen soll, nicht groß genug vor; aber kommen muß es. Nur erzwingen können wir es nicht.«[7] Stets erinnerte er an das prophetische Wort Joels: »Nach diesem will ich meinen Geist ausgießen über alles Fleisch.«[8]

Bei der damals geringen Verbindung der christlichen Kirchen untereinander blieb es Blumhardt unbekannt, daß zur gleichen Zeit im fernen Rußland der heilige Seraphim von Sarow ebenfalls darunter litt, daß die Christen sich wegen der Laxheit ihres Glaubens ganz und gar vom christlichen Leben entfernt hatten. Auch der russische Heilige kannte nur ein Heilmittel gegen diese Not: »Das wahre Ziel unseres christlichen Lebens besteht in dem Erwarten des Heiligen Geistes.«[9] Für Seraphim von Sarow war die Gabe des Heiligen Geistes ein Licht, das den Menschen durchleuchtet. Die Parallele zwischen Blumhardt und dem russischen Starez ist nicht zu übersehen; dem suchenden Christen gereicht sie zum Trost.

Mit seiner Losung hat Blumhardt nicht nur den Heiligen Geist aus der theologischen Erörterung in das christliche Leben überführt, sondern er ist mit seiner drängenden Bitte in das Zentrum der christlichen Not unserer Gegenwart vorgestoßen. Keine hektische Betriebsamkeit der Kirchgemeinden, keine Restauration und keine progressive Einstellung helfen heute der Christenheit. Dies alles sind Versuche von unten, die ehrlich gemeint sein können und doch ganz fehlgehen. Man muß die Hilflosigkeit all dieser Unternehmungen einmal scharf ins Auge fassen, um die christliche Not in ihrer ganzen Auswirkung zu sehen. Was uns hilft, ist einzig und allein die Hilfe von oben, und gerade dies meinte Blumhardt mit seiner Bitte um eine neue Ausgießung des Heiligen Geistes. Er hat hierin, wie wenige Christen, die richtige Parole ausgegeben, und wir empfinden sie wie eine Prophetie, auf deren Erfüllung wir warten.

Obschon sich wegen der Gleichgültigkeit der Christenheit oft eine Wolke der Wehmut auf Blumhardt senkte, versank er keinen Augenblick in Schwermut. Warum nicht? Gewiß allein deshalb, weil er schon ein Angebinde des Geistes besaß. Auch die Menschen seiner Umgebung spürten dies deutlich, strömte doch von ihm eine Wirkung aus. Er hatte das tatsächliche Nahesein des Herrn in seinem Kampf erfahren, und es war seiner Person zeitlebens treu geblieben. Immer wieder erlebte er die unmittelbare Anwesenheit Christi, und beständig sehnte er sich nach einer noch intensiveren Gegenwart Gottes.[10] Blumhardt war stets getragen vom Bewußtsein der Nähe des Herrn, und gerade dies verlieh ihm seine Anziehungskraft. Die Mitte von Blumhardts Mysterium war ein Leben in der Gegenwart Gottes. In aller Demut durfte er über dieses beseligende Geheimnis sagen: »Ich habe ein Vorspiel gesehen.«[11]

Eine denkwürdige Stätte

Das Pfarrhaus in Möttlingen, das einst auch etliche Flüchtlinge nach der Revolution von 1848 beherbergte, erwies sich als viel zu eng für die Hunderte von Menschen, die namentlich am Sonntag zu Blumhardt kamen. Unter den Besuchern befand sich auch einmal inkognito der König von Württemberg. Er sprach Blumhardt nicht an, weshalb auch er nicht auf den Landesherrn zuging. Es kam daher zu keinem Gespräch zwischen den beiden Männern, trotzdem gewann der König offensichtlich eine gute Meinung von der Möttlinger Bewegung, jedenfalls war er fortan Blumhardt wohlgesonnen, was er auch bald Gelegenheit hatte zu bezeugen. Blumhardt mußte sich nach einem größeren Rahmen umsehen, dies um so mehr, als sich auch die politische Gemeindebehörde in seine Tätigkeit einmischen wollte. Blumhardt begehrte frei zu sein. Der vermögenslose Mann kaufte mit Hilfe elsässischer Freunde zu einem sehr günstigen Preis das Kurhaus Bad Boll, das bis dahin in königlichem Besitze war. Dieser Schritt fiel ihm nicht leicht, sagte er doch: »Ich muß mich in diese Hölle setzen.«[1] Das Konsistorium, hierin gut beraten, vertraute ihm Bad Boll als eine besondere Personalgemeinde an. Er blieb Pfarrer der Landeskirche, zwar ohne Gehalt, aber mit dem Recht, alle kirchlichen Amtshandlungen zu vollziehen. Als dann der unscheinbare Blumhardt eines Tages mit seiner

Familie und seinem Hausrat vorfuhr, war das Abschiedsfest der adeligen Gesellschaft in vollem Gange, man trank den letzten Rest Champagner.

Blumhardt richtete das Kurhaus für seine Zwecke ein. Aus dem Tanzsaal machte er einen gottesdienstlichen Raum. Obschon es ein stattliches Gebäude war, hatte es kein protziges Aussehen. Es war ein Haus für viele Gäste, die denn auch eintrafen und oft für kürzere oder längere Zeit verweilten. Bad Boll war für die Blumhardts eine Stadt Gottes.[2] Sie eine »Gebetsheilanstalt« zu nennen, war eine groteske Verzerrung, die Blumhardt tief schmerzte. Es war eher eine denkwürdige Stätte. Freilich kann man sich heute kein rechtes Bild davon machen, da der Zeiten Wandel auch hier die Dinge veränderte. Das Kurhaus ist heute eine Klinik, in der die Ärzte schalten und walten. Ein kleines, abgeschlossenes Zimmer ist noch zu sehen, in dem Blumhardt einst seinen Gästen zur Verfügung stand, sich ihre Not anhörte und half.

Will man die Bedeutung von Bad Boll richtig erfassen, muß man ein Wort aus Christi Verklärung auf dem Tabor zitieren. Nach dem Evangelium führte Jesus drei Jünger auf einen hohen Berg. Dort wurde er vor ihnen verklärt, so daß sein Angesicht leuchtete wie die Sonne. Von Christi Verklärung verstehen wir nur sehr wenig. Petrus verstand sie auch nicht, denn es heißt ausdrücklich, »er wußte nicht, was er redete«[3]. Nur aus einem unerklärlichen Wohlgefühl heraus sprudelte er die Worte hervor: »Hier ist gut sein. Lasset uns drei Hütten bauen.« Das Wort von der Hütte wird von der Offenbarung des Johannes aufgenommen und dahin abgewandelt, daß sie von einer Hütte Gottes bei den Menschen redet.[4] Entsprechend darf die Bezeichnung auf Bad Boll angewendet werden: eine Hütte Gottes bei den Menschen war Bad Boll, nichts anderes. Dies fühlten die Menschen und suchten diese Stätte denn auch eifrig auf. Aus ganz Deutschland und auch aus dem Ausland kamen sie nach Bad Boll, Bekehrte und Unbekehrte, Gläubige und Ungläubige. Blumhardt hieß sie alle, ohne Unterschied, willkommen und versuchte, ihnen zu helfen. Auch viele im Gemüt angefochtene Seelen fanden bei ihm Genesung. Jeder Standesunterschied war in Bad Boll aufgehoben, Förmlichkeiten, die zu jener Zeit selbstverständlich waren. Prinzessinnen saßen neben Bauern, Deutsche neben Ausländern. Blumhardt war mehr als ein sensibler Psychologe, der sich auf Menschenbehandlung verstand; auf seinem Antlitz spiegelte sich etwas von der Milde Christi. Eine anschauliche Schilderung vom Leben in Bad Boll stammt aus der Feder des liberalen Kirchenhistorikers Karl von Hase: »Wenn man das so erzählt, so riecht's nach Pietismus und scheint einen Konventikelanstrich zu haben; aber ich versichere Dich, in alledem wie's Blumhardt treibt, ist keine Spur von Ungesundem, keine Spur Pietisterei. Ein frischer, fröhlicher Geist, von dem man den lebhaften Eindruck bekommt, was es ist um den Frieden Gottes, der höher als alle Vernunft ist, weht in diesem Hause und durchzieht gleichmäßig das Äußerliche wie das Innerliche, geht durch das Kleinste und Größte; eine Atmosphäre, die auf die Seele wirkt, wie freie Bergesluft auf den Leib. Alles Heilige ist so menschlich und alles Menschliche so verklärt, und das alles ohne Zwang, so ganz natürlich, daß man, solange man mitten drin lebt, meint, es könne ja gar nicht anders sein, und nicht begreift, warum es nicht in den anderen Christenhäusern auch so sei.«[5] Ganz ähnlich urteilte die bekannte Dichterin Ottilie Wildermuth: »Ich gestehe, daß ich nicht ohne Vorurteil nach Boll kam, aber mehr und mehr übte der Friedensgeist, der über diesem Hause ruht, seine Macht auf mich, und es war mir unbeschreiblich wohl. Fast mehr noch als den Herrn Pfarrer Blumhardt mußte ich seine Frau bewundern, die bei dem großen Umtrieb Ruhe und Gelassenheit hatte, in welcher so gar nichts Gemachtes ist.«[6] Zur Blumhardt-Gemeinde zählten sich auch die Eltern des Dichters Gottfried Benn, die in Norddeutschland ein Pfarramt betreuten.[7]

Wie ungewöhnlich Blumhardt mit den Menschen umzugehen wußte, geht aus seiner Beziehung zu Mörike hervor. Der feinsinnige Dichter hatte immer wieder mit seelischen Schwierigkeiten zu kämpfen.[8] Er suchte deshalb Blumhardt auf, den er seit seiner Studentenzeit kannte. Wir sind darüber durch Mörikes und seiner Schwester Klara Briefe orientiert. Der Dichter wünschte ausdrücklich, daß ihm Blumhardt die Hand auflege, und fühlte sich hernach durch seine körperliche Nähe sichtlich gestärkt. Die Zusammenkunft blieb Mörike »ewig denkwürdig«; er nannte sie »ein Gotteswerk«[9]. Blumhardt war offenbar eine Persönlichkeit von fühlbarer Kraft. Mörike ist zu Blumhardt gegangen, aber man müßte sich auch fragen, ob dieser sich auch in Mörikes Gedichte und Novellen vertieft hat. Offenbar kam es nicht zu einer dauernden Verbindung zwischen diesen bedeutenden Söhnen des Schwabenlandes. Dies wäre doch naheliegend gewesen, zumal Blumhardt auch ein Dichter von Liedern war, die noch heute wegen ihres Siegesgeistes in den evangelischen Kirchen gesungen werden, wenn sie auch nicht, was die dichterische Qualität betrifft, Mörikes Lyrik gleichzusetzen sind.

Die evangelische Christenheit hat leider nie ein starkes Interesse an einer religiösen Kultur bekundet, obschon sie in Bachs Musik und in Rembrandts Malerei Kunstwerke von letzter Gültigkeit hervorgebracht hat. Wie unvoreingenommen Blumhardt den Menschen begegnete, ist aus seinem Verhältnis zu David Friedrich Strauß zu ersehen. Sie waren zusammen im Stift, doch gingen nach dem Studium ihre Wege weit auseinander. Strauß veröffentlichte in jungen Jahren sein ebenso berühmtes wie berüchtigtes Werk »Leben Jesu«, in welchem er einen negativ bewerteten Mythosbegriff anwandte und ihn der freischaffenden Volksphantasie gleichsetzte, was ein fatales Mißverständnis verrät. Das Werk rief einen Sturm der Entrüstung hervor und bereitete dem Verfasser ein unglückliches Leben. Natürlich vertraten Blumhardt und Strauß zwei total verschiedene Welten. Blumhardt aber beteiligte sich mit keinem Wort am gehässigen Treiben der »Frommen« gegen Strauß, sondern erklärte überlegen, sein Haus stehe ihm jederzeit offen. Strauß machte keinen Gebrauch von diesem Angebot, das eindeutig die großherzige Christlichkeit Blumhardts dokumentiert.

Blumhardt gehörte, konfessionell betrachtet, dem Protestantismus an, was er als eine Tatsache bewertete, die er nie in Frage stellte. Aber er vertrat nicht die unter den evangelischen Christen übliche traditionsbedingte Bindung an die Reformation. Er besaß durchaus ein positives Verhältnis zu Luther und schätzte, was durch die Reformatoren Großes geschehen ist, doch verherrlichte er die Reformation nicht vorbehaltlos. Er hatte darüber seine eigenen Gedanken. Nach ihm wurde damals nur »die Lehre geflickt«[10]. Wörtlich schrieb er: »Was den reformatorischen Geist betrifft, so brauchen wir mehr als dieser war. Nichts Anderes, aber etwas Mehreres. Die Gedanken der Reformation leiden noch an einer Armut, sofern sie lange nicht die Heilige Schrift erschöpfen.«[11] Aus diesen ganz kurzen Andeutungen ergibt sich eine andere Sicht der Reformation. Für ihn war sie keine Position, die unter allen Umständen unverändert erhalten werden muß. Auch das reformatorische Geschehen darf nicht immer nach dem gleichen Schema abgewandelt werden, sonst wirkt es sich steril aus. Wie alle Geschichte muß es stets neu befragt werden. Nach Blumhardt war der Sinn der Reformation nicht die Entstehung des Protestantismus, sondern die Erneuerung der gesamten Christenheit. Für ihn war die Vielfalt mehrerer Kirchen kein Unglück, sofern sie das göttliche Licht zum Leuchten brachten. Bei einer derartigen Aufgeschlossenheit bleibt die Begegnung mit der Vergangenheit lebendig und fruchtbar. Jedenfalls ist die innerprotestantische Kritik an der Reformation von Thomas Müntzer bis zu Sören Kierkegaard sorgfältig zu erwägen. Blumhardt nahm in ihr einen vornehmen Platz ein, war er doch frei von jeder Turbulenz und Repristination.

Bemerkenswert war auch Blumhardts Einstellung zum Katholizismus. »Man täuscht sich sehr, wenn man Katholiken vom Volk so gar viel anders sich denkt, als Protestanten... Deswegen kann ich im Verkehr ganz so mich gegen sie benehmen, als wären sie von meiner Konfession. Von Haus aus haben sie das Wichtigste mit uns gemein. Was sie darüber haben, lasse ich geradezu liegen... Ich gestehe, daß ich schon viel Liebliches an Katholiken erfahren habe, ohne daß diese übertraten, worauf hinzuwirken ich nicht für meine Aufgabe halte... ich hege die Hoffnung, es werde die Zeit kommen, da alle Confessionsunterschiede schwinden, wenn wir einmal den Heiligen Geist wieder in der Fülle haben werden.«[12] Blumhardt kannte noch nicht das Wort ›Ökumene‹, von der heute oft ernst und sehr oft auch leichtfertig geredet wird, aber er hat in seinem Denken den unseligen Konfessionalismus überwunden. Er hat auch hierin in aller Unscheinbarkeit Pionierdienste geleistet. Die Einheit wird nur auf dem Weg der christlichen Liebe, nicht der theologischen Diskussion erreicht.

Blumhardt hat noch ein weiteres bedeutsames Problem aufgegriffen: die Judenfrage. Im Unterschied zum Hofprediger Stöcker, der ganz unchristlich den Antisemitismus schürte, war Blumhardt von diesem Aussatz völlig frei. Er trat für Eheschließungen zwischen Juden und Christen ein und meinte: »Die gläubige Christenheit muß zuvor anders werden, ehe die Juden sich bekehren können... Einstweilen halte ich viel darauf, sie geradezu als Brüder zu behandeln.«[13] Hätte die deutsche Kirche sich diese Auffassung zu eigen gemacht, dann wäre ihr das schmähliche Versagen gegenüber der Synagoge im Dritten Reich erspart geblieben und sie müßte sich heute nicht so mühsam um eine jüdisch-christliche Verständigung bemühen.

Neben der Seelsorge und der Schriftstellerei übte Blumhardt auch in Bad Boll das Predigtamt aus. Als Pfarrer von Möttlingen war er stets auf der Kanzel gestanden, und in Bad Boll fuhr er fort, den Tag mit einer Andacht zu beginnen. Das war überlieferte Form und entspricht wohl nicht mehr dem heutigen Lebensgefühl. Blumhardt war ein beliebter Prediger, und trotzdem erweckte nicht der Inhalt der Predigten die Aufmerksamkeit seiner Zuhörer. Er selbst sagte: »Bei all meinen Predigten will ich nur den Text erklären und anschaulich machen. Meine Predigten werden also nichts geben, als eine Reproduktion des Textes«[14], und dabei erlaubte er sich Freiheiten bezüglich Form und Inhalt. Oft sprach er im Gesprächsstil, predigte in aller Einfachheit das Evangelium, und doch waren es keine gewöhnlichen Predigten. Es war der charismatische Mann, von dem die starke Wirkung ausging, denn *was* er sagte, war nicht so neu, aber *wie* er es sagte, fesselte die Menschen. Die Berührung mit der göttlichen Kraft durchströmte sein ganzes Wesen und machte ihn zu einem eindrücklichen Prediger.

Er verkündete die Botschaft vom Reich. Arndts »Wahres Christentum« mit seiner Konzentration auf die eigene Seele ließ Blumhardt durchaus gelten, hielt es aber nur für die eine Seite des Christentums. Ihm war das Reich ebenso wichtig; Reichssinn, Reichsgedanken und Reichshoffnungen erfüllten ihn. Das Reich bricht ein in die »Nachtwelt der Dämonen«. Über das Reich sprach er ebenso herzhaft wie freudig und schritt ihm getrost entgegen. Es war für ihn eine zukünftige und gegenwärtige Größe zugleich, weil die Person Jesu den Anfang des Reiches verkörperte. Die unsichtbare Anwesenheit des Reiches ist nicht schon für alle Menschen wahrnehmbar, doch trägt der Mensch der Ewigkeit eine Ahnung des Reiches in seinem Herzen. Wie sich Zukunft und Gegenwart des Reiches zueinander verhalten, ist nicht der theologischen Spekulation zu überlassen. Niemals darf es einer Utopie gleichgesetzt werden. Es bildet das Mysterium der Geschichte. Das Gottesreich kommt aus dem Jenseits und kann gar nicht mit menschlichen Händen gebaut werden.

Blumhardt tröstete die Armen und die Hungernden nach Gerechtigkeit mit »dem güldenen Reich«, wie es einst Oetinger genannt hatte. Seit Bengel hatten in der württembergischen Kirche das Tausendjährige Reich und die Wiederbringung aller Dinge eine Existenzberechtigung, im Gegensatz zur Confessio Augustana, die diese biblischen Aussagen als Ketzerei ablehnte. Blumhardt stand dem groben Verständnis des Chiliasmus mit Vorbehalten gegenüber, und trotzdem teilte er wesentliche Grundgedanken mit ihm, wie dies F. Groth in seiner sorgfältigen Studie nachgewiesen hat.[15] Das Tausendjährige Reich war für Blumhardt gleichsam eine Chiffre für das ewige Reich, und seine vorsichtigen Gedanken über die Wiederbringung aller Dinge waren eine Häresie des Herzens, die aus seiner innersten Hoffnung auf die Universalität des Heils hervorging. Blumhardt vermochte sich mit der Vorstellung der

Ewigkeit der Höllenstrafen nicht zu befreunden; er glaubte, im Jüngsten Gericht werden die Menschen hergerichtet und nicht hingerichtet.

Noch bedeutsamer war, daß er die Botschaft vom Reich aus dem intellektuellen Raum herausholte, in den sie bei den Theologen geraten war. Er überführte die theoretische Diskussion über das Reich wieder in eine ganz konkrete Erwartung. Die Theologie des Reichs hatte sich in eine intensive Seinshaltung zurückverwandelt und tat sich in einer gespannten Hoffnung kund. Blumhardt gehörte zu den Hoffnungschristen, bei denen die Sehnsucht nach dem Reich nicht durch Schreckensbilder der Endzeit verdunkelt wurde. Mit dieser Einstellung ist die ganze Thematik aus der bloß gedanklichen Erörterung wieder in eine reale Existenz übersetzt. Die Erwartung des Gottesreiches erfüllte Blumhardts Leben bis zu seinem Ende.

Dabei hatte das Reich bei ihm durchaus den urchristlichen Charakter der Naherwartung angenommen. Das Reich wird nicht in einer fernen Endzeit kommen, sondern er erwartete es in Bälde. Blumhardt glaubte durchaus: »Bald wird Er kommen, bald den Anfang machen, bald dich heilen, bald uns stärken, bald aufbrechen und Seine Sache in Angriff nehmen.«[16] Daß seine gespannte Nah-Erwartung nicht in eine ungesunde Schwärmerei ausartete, wie dies mehrfach in der Kirchengeschichte geschehen ist, verdankt Blumhardt einzig seiner Nüchternheit, die das Gegenwärtige mit dem Zukünftigen zu verbinden wußte. Er hat über das »Warten und Eilen« einen lichtvollen Aufsatz geschrieben[17], in dem er die zwei gegensätzlichen Haltungen in seinem Dasein glaubwürdig zu verdeutlichen vermochte. Es lag ihm fern, sie dialektisch gegeneinander auszuspielen, sondern beide begegneten sich in ihm. Die gegenseitige Ergänzung von Warten und Eilen brachte das ungemein Lebendige in sein Leben hinein. Im Januar seines letzten Lebensjahres hatte Blumhardt »eine wunderbare Erscheinung, in welcher ihm das nahende neue Leben der Kreatur gezeigt wurde«[18]. Über die Vision bewahrte er Stillschweigen. Bedeutsam ist, daß ihm überhaupt Visionen widerfuhren, was gewöhnlich gar nicht beachtet wird. Das Gesicht erfüllte ihn mit einer inneren Freude, und zugleich bereitete es ihn auf sein bevorstehendes Ende vor. Jedenfalls begann er hierauf, sein Gemach aufzuräumen, um nichts ungeordnet zu hinterlassen.

Bald darnach stellte sich eine Lungenentzündung ein. Im beginnenden Sterben brach in wenigen Worten noch einmal sein tiefstes Wesen ergreifend hervor. Blumhardt sah große Schreckenszeiten voraus und betete, »daß niemand verloren werde«. Als seine beiden Söhne ins Zimmer traten, richtete sich der Vater auf und sagte voller Hoffnung: »Der Herr wird seine milde Hand auftun zur Barmherzigkeit für alle Völker«, Worte, die sich wie ein Regenbogen über Blumhardt wölbten. Bis zuletzt kreisten Blumhardts Gedanken um Gottes Zorn und Gottes Barmherzigkeit, eines nicht ohne das andere. An seinem Sterbetag, am 25. Februar 1880, sprach er zu seinem älteren Sohn: »Christoph, es muß durch, durch!« Er wiederholte abermals: »Es muß.«[19] Es kämpfte in ihm, und nur mühsam preßte er die zwei Worte hervor, in denen die ganze Essenz seines Daseins zusammengefaßt war. Sein Sohn Christoph versicherte ihm: »Vater, es wird gesiegt!«, worauf Blumhardt antwortete: »Ich segne dich zum Siegen«[20], legte ihm die Hand auf und hernach auch seinem Sohn Theophil. Christoph war der Ältere und der eigentliche Geisteserbe des Vaters, während Theophil zwar das bessere Examen absolvierte, aber eine Pfarrerexistenz im Dorf Boll im landesüblichen Sinn führte. Als Friedrich von Bodelschwingh später Christoph wegen seiner Sympathie für den Sozialismus der geistigen Verwirrung bezichtigte, setzte sich Theophil ritterlich für seinen Bruder ein. Die stille Gewalt der sich verzehrenden Erwartung des Reiches erfüllte Blumhardt bis in den Tod hinein. Fürwahr, eine überaus eindrucksvolle Sterbeszene mit einem nachwirkenden Vermächtnis: Der Sohn wird das Panier der kraftvollen Hoffnung weitertragen.

73

Ein Mann Gottes

Allezeit ist die Aneignung das entscheidende Problem bei der Beschäftigung mit einer christlichen Persönlichkeit. Bloße Bewunderung genügt so wenig wie besserwissende Kritiksucht. Auch die Vereinnahmung ist ein beliebtes, aber unstatthaftes Verhalten. Das Beispiel einer verkehrten Rezeption war die Kierkegaard-Welle nach dem Ersten Weltkrieg. Mehr als fünfzig Jahre nach Kierkegaards Tod trat dieser bis dahin kaum beachtete Denker in das Bewußtsein der Theologen und Philosophen. Sozusagen über Nacht wurde von einem Existentialismus – ohne Einsatz der persönlichen Existenz! – geredet und sein Gedankenreichtum gewissenlos geplündert. In Wirklichkeit war man von Kierkegaard ganz unberührt. Wer hat den Kampf des Dänen gegen eine verbürgerlichte Staatskirche ernstgenommen und sich gefragt, was an den Vorwürfen berechtigt war? Man ging über die letzte Phase Kierkegaards auf leisen Sohlen zur Tagesordnung über. Seine Kampfschriften wurden ohne Prüfung als Übertreibung abgelehnt, und wegen dieser Gleichgültigkeit verebbte die Welle allmählich.

Ebenso stellt uns Blumhardt vor eine ernste Situation, zumal diese Aneignung nicht intellektuell, sondern nur in der eigenen Daseinsführung vollzogen werden kann. Man darf seine Fragen und Antworten nicht stillschweigend auf die Seite schieben, als wären sie gar nicht vorhanden, denn dazu sind sie doch zu schwerwiegend. Blumhardt ist neben Kierkegaard die bedeutsamste Gestalt des Protestantismus im vergangenen Jahrhundert. Man hat mit seiner inneren Verarbeitung kaum begonnen. Mit der Äußerung Emanuel Hirschs: »Gegen Blumhardt will ich nichts sagen« ist es doch nicht getan. Tatsächlich hat er in seiner »Geschichte der neueren Theologie« auch so gut wie nichts über Blumhardt gesagt.[1]

Blumhardts Leben erträgt keine bloß historische Darstellung. Natürlich ist Geschichtsschreibung unentbehrlich, und selbstverständlich entspricht das Blumhardt-Archiv in Stuttgart einer Notwendigkeit. Auch über Blumhardt kann man nicht genug Kenntnisse sammeln, um all seinen Wegen nachzugehen. Doch verpflichtet das bloß geschichtliche Wissen den Menschen nicht, weil es auf Distanz hält, im intellektuellen Raum bleibt und es ihm nur um eine Beurteilung geht.

Ebenso unbefriedigend war die kirchliche Antwort. Es wurde bereits ausgeführt, daß Blumhardt für »die Kirchenbehörde ein nicht geringes Problem geworden war« und es zwischen ihm und ihr nicht ohne Reibung abging.[2] Auf einen Streit mit der Kirche ließ er sich jedoch nicht ein, und er tat gut daran, weil dies ohnehin unfruchtbar gewesen wäre. Verhallte seine Stimme ungehört in der Kirche? Blieb sie vielleicht doch ein wirksames Ferment im Untergrund? Nach Blumhardt darf man die Kirche nicht nach ihrem öffentlichen Auftreten, sondern muß sie nach ihrem verborgenen Sein beurteilen.[3] Doch bleibt es bei dem harten

Urteil von Alo Münch: »Die Kirche hat ihn nicht begriffen.

Und sie begreift ihn auch heute noch nicht.«[4] Man versteht tatsächlich zunächst nur schwer, daß die evangelische Kirche Blumhardt im Abseits liegenläßt. Geschieht dies, weil die Kirche selbst ins Abseits geraten ist? Für die in statischen Kategorien denkende Kirchenbehörde ist Blumhardt ein unbequemer Mann. Daran ändern alle gegenteiligen Beteuerungen nichts. Er teilte weder den kirchlichen Konservatismus noch den Kirchenpatriotismus. Auch beteiligte er sich nie an kirchenpolitischen Umtrieben – ein besonders häßliches Verhalten gewisser Christen. Der Mann von Bad Boll vertrat eine Verkündigung, die sowohl dem damaligen wie auch dem heutigen Kirchengeist entgegengesetzt war. Der unzeitgemäße Blumhardt arbeitete für eine kommende Zeit, für Menschen, die sich bereitwillig dem Göttlichen öffnen.

Schließlich muß auch die theologische Beurteilung als ungenügend bewertet werden. Zunächst versuchte es Gerhard Sauter ehrfurchtsvoll in einer Dissertation »Die Theologie des Reiches Gottes beim älteren und jüngeren Blumhardt« (1962), ohne sich aber zu fragen, ob Blumhardt wirklich eine theologische Gestalt war, die man zum wissenschaftlichen Objekt machen darf, ein Problem, das er später selbst empfand, als er dessen Geschichte als »nicht merkwürdig, sondern denkwürdig« bezeichnete.[5] Auch in Barths »Geschichte der protestantischen Theologie im 19. Jahrhundert« wird Blumhardt ein eigenes Kapitel eingeräumt. Bei aller wohlwollenden Darstellung meinte Barth doch zuletzt feststellen zu müssen, daß er »die so gewaltig christliche Objektivität vielleicht als solche doch nicht erkannt hat«[6]. Während der Lektüre von Barths Buch fragt man sich beständig: Wie kommt Saul unter die Propheten? Gehört Blumhardt unter diese Schar von Geharnischten, er, der gänzlich Ungepanzerte? Nimmt er sich unter den würdigen und wohl etwas steifnackigen Akademikern nicht merkwürdig fremd aus? Gerät die theologische Logik bei Blumhardt nicht aus dem Konzept? Blumhardt war ein Feind des Wortemachens; er legte Wert auf Erfahrungen. Vor allem war ihm das Reich wichtig, nicht die Lehre allein. Man darf Blumhardt nicht mit dem theologischen Seziermesser angehen und ihn intellektuell säuberlich auseinandernehmen. Bei Blumhardt geht das nicht. Eine ganz andere Glaubenssicht ist nötig, ein Gefühl für eine bis dahin völlig ungeahnte Wirklichkeit. Wenn Blumhardt von den Theologen nicht nur flüchtig genannt, sondern auch wirklich erkannt würde, dann müßte der ganze theologische Betrieb auf den Universitäten in die Luft fliegen.

Es muß unbedingt zu einer anderen Aneignung kommen. Wir wollen nicht Blumhardts Epigonen sein, weil dies wenig ehrfürchtig ist. Man kann ihn gar nicht nachahmen, da er anders war als die anderen. Aneignen heißt nicht, sich etwas widerrechtlich zulegen, es heißt vielmehr, von ihm lernen, sich um ihn bemühen und sich von ihm beschenken lassen. Es geht um ein persönliches Verhalten, das sich unter und nicht über Blumhardt stellt. Er bietet einen außenseiterischen Lernprozeß an, und wir möchten auf seinem Weg weiterschreiten und seine Worte auf die Gegenwart übertragen, indem wir seine Intentionen neu entfalten. Aneignung ist stets eine sorgfältige, subtile Aufgabe, mit der man immer wieder neu beginnen muß, ein Vorgang, der nie abgeschlossen ist.

Schon als Student fand Blumhardts Sohn seinen Vater »fest und mutig. Er erscheint mir alle Tage heiliger.«[7] Derart urteilen die heutigen Söhne nicht mehr über die Väter; sie reden respektlos von den Alten, die nicht mehr auf der Höhe der Zeit sind. Anders beim Sohn Blumhardts, der ganz ungewohnt das Wort »heilig« auf seinen Vater bezog. Tatsächlich war Blumhardt eine hagiologische Gestalt, wie dies sowohl der mit einem feinen religiösen Spürsinn begabte Rudolf Otto bemerkte[8] als auch Theodor Häcker, der vor seiner Konversion schrieb: »Blumhardt war fast ein Heiliger.«[9] Das Wörtchen ›fast‹ hätte er ruhig weglassen können. Blumhardts hagiologisches Sein wurde selten erkannt, und doch bezeugte es schon der Sohn, der immer wieder fühlte, »es war eine Kraft da und es gingen heilige Kräfte von ihm aus«. Blumhardt führte den von Lessing geforderten »Beweis des Geistes und der Kraft«.

Die evangelischen Christen bekommen merkwürdigerweise bei dem Wort ›Heiliger‹ gerne eine Gänsehaut, obwohl das Wort im Alten und auch im Neuen Testament eine wichtige Rolle spielt, wenn es auch seit jenen Tagen einen starken Bedeutungswandel erfahren hat. Es geht wahrhaftig nicht um eine persönliche Schrulle, sondern um die Zurückgewinnung einer bedeutsamen Kategorie. Wie es Propheten, Apostel, Reformatoren

78

usw. gab, so gibt es auch Heilige, auf die man im religiösen Raum gar nicht verzichten kann. Sie eröffnen in der gegenwärtigen Flaute der evangelischen Christenheit eine ganz neue Dimension. Aus dieser Einsicht sage ich mit aller Freiheit und Besonnenheit: Blumhardt war ein evangelischer Heiliger. Nur mit dieser Bezeichnung, die freilich einer ganz neuen Entfaltung bedarf, hat man Blumhardt nach seinem Rang erfaßt. Jede andere Deutung bleibt hinter ihm zurück. Er war ein evangelischer Heiliger, genau wie der Mystiker Gerhard Tersteegen einer war, den die protestantische Christenheit ebenfalls nie in seiner singulären Bedeutung erahnte und für den sie deswegen auch nie die ihm entsprechenden Worte fand.

Man darf bei der Kategorie ›Heiliger‹ nicht an das traditionelle, etwas starre und langweilige Heiligenklischee denken. Die beständige Gottnähe ist der geistige Mittelpunkt Blumhardts, dabei war er kein weltflüchtiger Asket, obschon er während des Kampfes mit der Gottliebin Dittus die Bedeutung des Fastens erkannt hatte. Inmitten des Kurhausbetriebes war er stets transzendental ausgerichtet, was sein Sohn bezeugte: »Er hatte anderes erlebt, er hatte Blicke getan in die zukünftige Welt, Verheißungen sind ihm vor die Augen getreten, in denen er brünstig war zu Jesus hin, dem Sieger, der alle Welt nach dem Willen Gottes umwenden werde. Nie haben wir ihn im Gegenwärtigen befriedigt gesehen, wenn wir in stillen Stunden mit ihm zusammen saßen; öde und fade erschien ihm das Leben der Christenheit in der Gegenwart gegenüber dem hellglänzenden Bilde des Reiches Gottes, das verheißungsvoll vor seiner Seele aufgetaucht war.«[10] Der Schritt vom gewöhnlichen Pfarrer zu Blumhardt gleicht dem Übergang von einer Ebene auf eine ganz andere. Mit dem Wort ›Heiliger‹ ist dies notdürftig angedeutet. Es muß nach einem neuen Stil gesucht werden, nach einer vertiefenden Weiterführung, um den evangelischen Heiligen – das Wort nicht konfessionell verstanden – in seiner tief verborgenen, gottverbundenen Weltlichkeit zu erfassen.

Blumhardt war ein Mann Gottes, so darf er auch charakterisiert werden, wenn man die Bezeichnung ›evangelischer Heiliger‹ vermeiden will. Die Formulierung ›Mann Gottes‹ stammt aus dem Alten Testament. Dort redet die Witwe von Sarepta (Zarpat) den Propheten Elia mit den Worten an: »Was habe ich mit dir zu schaffen, du Mann Gottes?«[11] Sie hatte ein dunkles Angstgefühl vor dem mit magischen Kräften ausgestatteten Elia, der ihr unheimlich war. Sie wollte sich ihn vom Leibe halten, bekam es aber trotzdem mit ihm zu tun, indem sie das Wunder mit dem Ölkrug und die Auferweckung ihres Sohnes erlebte. Die Worte der Witwe von Sarepta können im Hinblick auf Blumhardt wiederholt werden.

Ja, was haben wir mit Blumhardt zu schaffen, mit seinem Kampf und seiner Bitte um eine neue Ausgießung des Geistes? Nichts? Oder vielleicht doch etwas, weil wir die Ewigkeitskraft spüren, in der dieser Mann Gottes lebte? Blumhardt hatte, ungeachtet seiner Menschenfreundlichkeit und seiner höheren Einfalt, etwas Unheimliches an sich. Man muß das spüren, war er doch der befremdende Mann, der in den Abgrund geschaut hatte und dort mit dem Satan handgemein geworden war. Er darf nicht mit uns verglichen werden. Blumhardt war nicht nur unheimlich, er hat auch eine überwältigende Hilfe erfahren und hat die Siegeskraft Christi mit einer elementaren Gewalt erlebt wie keiner seiner Zeitgenossen. Wie sollte man sich da nicht zu ihm hingezogen fühlen? Jedenfalls trifft die Bezeichnung ›Mann Gottes‹ auf den Schwaben zu, verkörperte er doch eine innere Autorität. Er hatte auch ein heiteres Gemüt, dies nicht wegen einer glücklichen Naturanlage, sondern wegen seiner festen Gewißheit: »Wir sind alle erlöst.«[12] ›Mann Gottes‹ ist keine ersonnene Bezeichnung; sein Sohn sagte am Geburtstag des Vaters, daß er »etwas von einem Ewigkeitsmenschen an sich hatte. Das Äußere war nicht so großartig bei ihm, gar nicht, aber etwas Ewigkeitsmäßiges war an ihm, und das hat alle Schranken durchbrochen.«[13]

Nach dem Prediger Salomo hat Gott dem Menschen »die Ewigkeit ins Herz gelegt«[14]. Wenn dem nicht so wäre, könnte der Mensch am Ewigen auch nicht teilhaben. Er erkennt das Ewige, weil er das Ewige in seinem Herzen hat. Dieser Überzeugung gaben auch die Mystiker Ausdruck. »Ich selbst bin Ewigkeit«, singt Angelus Silesius[15], und wenn auch Blumhardt den »Cherubinischen Wandersmann« wahrscheinlich nicht näher kannte, machte er doch die gleiche Erfahrung, indem er jederzeit in der Ewigkeit sein konnte. Da Blumhardt im Ewigen gegründet war, erweckte er den Eindruck eines urtümlichen, ja archaischen Menschen, der aus dem Rahmen seiner Zeit herausfiel und gleich einem alttestamentlichen Patriarchen in die sich verändernde Welt hineinschritt. Die Bezeichnung ›Mensch der Ewigkeit‹ scheint allzu hoch gegriffen, und doch besteht sie zu Recht. Blumhardt gehörte der Welt der Väter an, und deswegen ist er unsern allzu zahmen Vorstellungen fremd. Blumhardt überragt und sprengt sie zum voraus.

Zum Abschluß sei noch ein kleines Vorkommnis erwähnt, das das Ende mit dem Anfang verbindet. Blumhardt besuchte einmal seine beiden, sich auf das Abitur vorbereitenden Söhne in Stuttgart. Er traf sie jedoch nicht zu Hause, eifrig über die Bücher gebeugt, an, sondern ihre Wirtin sagte ihm, die beiden Herren seien am Nachmittag in den Zirkus gegangen. Der Vater war keineswegs enttäuscht oder gar entrüstet, sondern erwiderte nur: »So, in den Zirkus.« Kurz entschlossen begab auch er sich in das Zirkuszelt, setzte sich unbemerkt hinter sie, und als sie sich ahnungslos an den Kunststücken ergötzten, sagte er plötzlich: »Christoph, ich bin auch da!«[16] Er hielt den erschrockenen Söhnen keine Moralpredigt über mangelnden Studieneifer, sondern wollte sie nur mit seiner unerwarteten Anwesenheit erfreuen. Die unscheinbare Begebenheit dürfen wir gleichnishaft auf unsere Situation übertragen. Die Christenheit befindet sich in ihrer Ratlosigkeit seit einigen Jahren in einer zirkusähnlichen Lage, denkt man an die Programme, mit denen manchmal die Kirchgemeinden in ihrer hilflosen Betriebsamkeit ihre Leere zu verdecken suchen. Blumhardt würde ihnen das Vergnügen an den geistlich-ungeistlichen Clownerien gönnen und keine Scheltworte darüber verlieren. Den Kopf schüttelnd, würde er uns leise zuflüstern: »Ich bin auch da, ob ihr es merkt oder nicht, das ist eine andere Frage; geistig verstanden, bin ich unsichtbar einfach da und werde immer dableiben.«

EIN NEUES LIED:
CHRISTOPH BLUMHARDT
(1842–1919)

Leben ist wie ein Gesang vor Gott[1]

In meiner ersten Pfarrgemeinde lebte eine alte, originelle Jungfer. Sie wohnte allein in einem Haus, zusammen mit vielen Hühnern, die in allen Zimmern herumliefen. Beeinflußt von Weberpfarrer Eugster, besuchte sie mehrfach Bad Boll und erzählte mir hernach, wenn sie den Saal in Bad Boll betrete, müsse sie jeweils laut aufjauchzen vor Freude. Mochten sich die andern Gäste befremdet nach der ländlichen Appenzellerin umsehen, das störte sie nicht. Jungfer Rose Meier mußte einfach ihrem frohgemuten Herzen durch einen urchigen, jodelähnlichen Jauchzer Ausdruck geben. Das einfache Weiblein hatte, trotz seines nicht ganz stilgerechten Benehmens, intuitiv die Atmosphäre von Bad Boll erfaßt. Der Psalmist ruft den Lesern zu: »Singet dem Herrn ein neues Lied!«[2], eine Aufforderung, der man offenbar in Bad Boll wörtlich nachgekommen ist. Es ist nicht *das* neue Lied, aber ganz bestimmt *ein* neues Lied, das nichts mit den Songs und Schlagern von heute zu tun hat. Ich will in dieses neue Lied einstimmen und mit einigen liedhaften Worten auf den bei Christoph Blumhardt aufleuchtenden Glanz hinweisen, ist doch der Mann von Bad Boll nur in einem Gesang und nicht in Begriffen zu erfassen. Er selbst sagte: »Wenn das Evangelium uns nicht singen macht und jubeln, dann ist die Macht Christi nicht bei uns.«[3] Da es sich um ein melodiöses Thema handelt, paßt der

Stil der theologischen Abhandlung zum voraus nicht dazu. Gleich zu Beginn stellt man fest: Christoph Blumhardt war ungeachtet seines theologischen Studiums kein Theologe, jedenfalls mißtraute er aller Dogmatik. Schon in seiner Studentenzeit in Tübingen empfand er die Theologie als eine trostlose Angelegenheit, von der er sich nicht einfangen lassen wollte, obschon dort damals der respektable Johann Tobias Beck lehrte. Einzig die von Weizsäcker gehandhabte kritisch-historische Methode erwähnte er, doch habe sie in ihm nur Zweifel an seiner Berufswahl geweckt. Er vermochte einer Theologie, die ihre subjektiven Meinungen als Offenbarungen Gottes ausgab, keinen Geschmack abzugewinnen und flehte infolgedessen seinen Vater an: »Erlöse mich von der Theologie.«[4] Selbst in der Rückschau auf seine Tübinger Zeit führte er aus: »Mich hat es schon als Student geärgert, wenn man über Gott räsoniert hat, es hat mir im Herzen weh getan, denn ich kannte Gott von meinen Kindesbeinen an, und wenn ich die Herren so über Gott philosophieren hörte, habe ich oft gedacht: Wenn ihr wüßtet, über wen ihr redet und wen ihr seziert, ihr würdet kreideweiß werden vor Schrecken!«[5] Die Ablehnung der Theologie hatte nichts mit dem Gegensatz von liberaler oder positiver Richtung zu tun, im Gegenteil, sagte er doch überaus scharf: »Da meint man immer: wir müßten gläubige Theologen machen! – das ist eine Schande, daß wir meinen: durch gläubige Professoren bekommen wir gläubige Theologen, da empört sich jeder Blutstropfen in mir!«[6] Über die wissenschaftlich-systematisch sich gebärdende Theologie urteilte er:

»Ihr habt die gleichen Worte, aber die Sache habt ihr nicht mehr.« Wörtlich sagte er: »Sie machen nun eine Theologie aus dem, was Männer Gottes gesehen haben; und weil sie es selber nicht gesehen haben, verstehen sie es falsch.«[7] Nach eigenem Geständnis »hat es auch Jahre lang gedauert, bis ich mich losgerissen hatte von allem, was auf der Universität in mich hineingemanscht und hineinexerziert worden ist nach einem System«[8]. Christoph Blumhardt hat die »Schlammwellen der Theologie« wirklich überwunden.[9] Bei dieser nicht zu bestreitenden Ablehnung aller Theologie blieb ihm die bedeutsame Schrift von Franz Overbeck »Über die Christlichkeit der heutigen Theologie« (1871) unbekannt, die das gedanklich erhärtete, was er instinktiv fühlte. Trotzdem darf man die beiden Männer nicht »Rücken an Rücken« stellen, wie dies schon allzu voreilig getan worden ist.

Für die unmißverständliche Abkehr, die sich durch Christoph Blumhardts ganzes Leben hindurch verfolgen läßt, hat sich die Theologie gerächt, indem sie auch von ihm nur geringe Notiz nahm. Er ist für die Universitäten kaum existent. Dies ist keineswegs bedauerlich, denn es wäre ihm in den Händen der Theologen bloß fragwürdig ergangen, und sie hätten sein sprudelndes Quellwasser doch nur auf Flaschen gezogen. Alle wissenschaftlichen Untersuchungen über Christoph Blumhardt, so gutwillig sie auch gemeint waren, liefen schief. Er war für sie kein geeignetes Objekt. Wir müßten einmal selbstkritisch über das theologische Unternehmen nachdenken. Natürlich hat auch die Theologie eine gewisse Berechtigung, wohl aber nur, wenn sie wie in der alten und mittelalterlichen Kirche noch im Gebet verankert ist. Die Theologie will die gedankliche Verarbeitung der Glaubensaussagen sein, vermengt aber bei ihrer Tätigkeit unmerklich viele Behauptungen, Spekulationen, Kritik, Apologetik, Polemik, kurz, es entsteht eine dichte Schicht Intellektualismus und daraus ein sonderbar merkwürdiges System, das oft von Gelehrsamkeit trieft und doch nur einen schwachen Schimmer des Evangeliums enthält. Christoph Blumhardt fühlte sich auch gegenüber seinen theologischen Zeitgenossen Harnack, Troeltsch und Naumann seltsam fremd. Steckt nicht in aller Theologie, sei sie orthodox, liberal oder dialektisch, heiße sie Befreiungs- oder feministische Theologie, ein verkappter Pferdefuß, der gewöhnlich nicht beachtet wird? Gibt es nicht auch einen Dämon der Theologie, der die Frohbotschaft verdirbt? Über diese ketzerischen Fragen sollte einmal unvoreingenommen nachgedacht werden, vielleicht würden wir dann zu der göttlichen Melodie zurückfinden, die Christoph Blumhardt mit sonorer Stimme sang.

Es ist nicht leicht, Christoph Blumhardts Lied in der heutigen Zeit anzustimmen. Wir hören ihn nicht mehr unmittelbar, sondern haben nur seine Predigten und Ansprachen, die von seinen Zuhörern nachgeschrieben worden sind. Zeitweilig hat er das Nachschreiben verboten. Offenbar empfand er die Verschiedenheit von Rede und Schrifttum. Christoph Blumhardt sprach unmittelbar, spontan, überlegte sich die Formulierungen nicht lange und äußerte daher manchmal auch ungeschützte Worte. Er sprudelte seine Reden impulsiv hervor, fand köstliche Worte, die zum Hören und nicht zum Lesen bestimmt waren. Er war kein Schriftsteller; seine spärlichen Publikationen waren nicht für die große Masse berechnet, gab er sie doch nur in Kleinformat als »Vertrauliche Blätter« im Selbstverlag heraus. Der Wille, in einer gewissen Verborgenheit zu bleiben, ist nicht zu übersehen und sollte beachtet werden. Seine kraftvollen Ausführungen waren durchsetzt mit schwäbelnden Dialektismen, indem er das Textwort »ein nettes Sprüchle« nannte und den Hilfesuchenden mit »du armes Tröpfle« ansprach. Er redete nach eigenem Zeugnis zuweilen nicht nur »hemdsärmlig«[10], sondern vermied auch die pietistische Terminologie nicht konsequent. Ein Germanist sagte mir einmal, er könne mit dem besten Willen Christoph Blumhardt nicht lesen, sein ästhetisches Sprachgefühl stoße sich allzusehr daran. Formal betrachtet ist Blumhardts Sprache tatsächlich unbefriedigend und steht in ihrer Ungeschliffenheit seiner Verkündigung ein wenig hemmend im Wege. Dafür aber ist sie von einer unverkennbaren Wärme, kommt von Herzen und geht zu Herzen, und man spürt darin sehr bald das echt schwäbische Gemüt. An Innigkeit ist sie der Sprache des schwäbischen Mystikers Heinrich Seuse ähnlich. Christoph Blumhardt würde hierin kaum widersprechen, sagte er doch selbst: »Wir brauchen eine neue Sprache ... es ist nichts drin in unseren Worten, es dringt nicht hinein.«[11] Freilich hielt er die Zeit für eine neue religiöse Sprache noch nicht für gekommen.[12] Mit dieser Aussage darf man sich jedoch nicht zufriedengeben. Das Problem ist höchst aktuell, da Sprache und Geist eng miteinander verbunden sind. Die Sprache Kanaans erreicht die neuzeitliche Wirklichkeit so wenig wie das heutige religiöse Gerede. Weder eine theologische Fachsprache noch der kirchliche Journalismus kommen in Frage; es müßte eine eher bewegte Zwiesprache sein ohne alle Schlagworte, eine Sprache, die wieder die Tiefe anrührt. Um dem Wort seine religiöse Kraft zurückzugeben, ist eine denkbar konzentrierte Anstrengung notwendig. Die gegenwärtige Christenheit flehte noch nicht um die neue Gottessprache, und deswegen wurde sie ihr auch nicht geschenkt. Der zeitnah sein wollende rüde Straßenjargon ist kein Widerhall des ewigen Wortes. Das Streben nach einer neuen religiösen Sprache ist ein christliches und kein germanistisches Problem; es ist auch keine formale, sondern eine nur vom Inhalt her zu lösende Aufgabe, zumal Form und Inhalt zusammengehören. Wir dürfen das bedeutsame Anliegen nicht mehr aus den Augen verlieren, bis uns ein vertieftes Abc geschenkt wird und wir vom Göttlichen »mit neuen Zungen reden«[13].

Christoph Blumhardts Wirken begann im ganz kleinen. Er fühlte sich im Vergleich zu seinem Vater als ein unbedeutender, wenn auch nachdenklicher Mensch. Der Vater sagte einmal zu seinem siebzehnjährigen Sohne: »An deinen Tugenden wirst du zugrunde gehen«[14], ein Wort, das die heutigen Väter ihren Söhnen nicht sagen können. Nach bestandenem Examen war Christoph Blumhardt zunächst Vikar in einigen Gemeinden, und hernach forderte der Vater ihn als Gehilfen nach Bad Boll. Er hielt sich als bescheidener Helfer im Vorzimmer seines Vaters auf und wartete geduldig auf seinen Auftrag. Zuweilen trug er die

Koffer der angekommenen Gäste auf die Zimmer, und später half er seinem Vater bei der Korrespondenz. Bescheiden wie er war, wäre er auch bereit gewesen, als Koch im Hause zu arbeiten.

Wenn man nach Christoph Blumhardts geistigen Vätern fragt, so sind nicht Bengel und Oetinger zu nennen. Es ist anzunehmen, aber nicht bezeugt, daß er sie gelesen hat. Jedenfalls pflegte er sie nicht zu zitieren. Er übersah geflissentlich das ganze theologische Spiel von Schleiermacher bis Ritschl. Auch von Luther sprach er verhältnismäßig wenig, und wenn schon, dann nicht in der Weise des typischen Lutheraners. Er las das Neue Testament nicht durch die Brille des Reformators, sondern stellte sich dem Text unmittelbar und empfand ihn deswegen so frisch wie am ersten Morgen. »Der Heroiker Luther«[15] war nicht nach seinem Geschmack. Einmal meinte er, »mich dauert unser Luther, der so stark sein wollte und dann in unendliche Streitigkeiten verflochten wurde«[16]. Damit hat er unübersehbar seine Zurückhaltung gegenüber Luther angedeutet. Dessen theologische Auseinandersetzungen blieben ihm zeitlebens fremd. Das ist natürlich kein abschließendes Wort über den Reformator, aber es signalisiert Christoph Blumhardts Distanz zum protestantischen Selbstbewußtsein.

Fragt man nach Christoph Blumhardts Wurzeln, muß man auf seine engere Familie zurückgreifen. Er wurde vorwiegend von seiner Mutter erzogen. Die außergewöhnliche Frau leitete das große Haus, verstand es, mit Kranken umzugehen, und fand trotzdem noch Zeit für die Erziehung ihrer Kinder. Christoph gedachte zeitle-

bens liebevoll seiner Mutter. Ferner wurde der Heran-
wachsende stark von der im Pfarrhaus wohnenden,
ausgeprägt christlichen Gottliebin Dittus beeinflußt.
Sie hatte nicht umsonst Einzigartiges erlebt. Er
bezeugte mehrfach, sie sei ihm eine zweite Mutter
gewesen, auch wenn ihre Strenge von andern oft ange-
feindet wurde. Er aber nannte sie »der Edelsten eine«[17].
Am Sterbebett der Gottliebin erlebte er eine »merkwür-
dige Geburt«, die er in die verhüllenden Worte kleidete:
»Das ist mein Tag, der mir ins Herz gegeben ist. Es ist
eine Todesnacht gewesen, deren Nacht und Licht heute
noch vor uns steht und uns beleuchtet.«[18] Das Geheimnis dieser Aussage hat er nie gelüftet. Daneben sind
noch ihre Schwester Katharina und ihr Bruder Hans-
jörg zu erwähnen, die ihm stets mit Rat und Tat zur
Seite standen. Christoph Blumhardt scheute sich nicht,
von diesen einfachen Leuten als seinen Lehrern zu
reden.

Der Einfluß der Gottliebin wurde um ein Vielfaches
von dem seines Vaters übertroffen. Christoph Blumhardt ist einzig und allein von seinem Vater her zu
verstehen; er ist ihm stets treu geblieben und hat ihn
trotz seiner eigenen inneren Wandlungen keinen
Augenblick vergessen. »Ich muß immer wieder das
Beispiel von meinem Vater anführen«, eine Rede-
wendung, die Christoph Blumhardt mehrfach
gebrauchte.[19] Selbst in seinem Alter gestand er: »Aber
immer muß ich in großer Ehrfurcht meines Vaters
gedenken. Er hat uns ein Lied gedichtet und hat es uns
gesungen.«[20] »Das neue Lied« ist demnach nicht von
außen an Christoph Blumhardt herangetragen worden;

es gehörte zu ihm, und gerade deswegen kann er nicht wissenschaftlich dargestellt werden. Wir sind aufgefordert, kraftvoll und fröhlich mitzusingen. Oft betonte er: »Ohne Möttlingen wüßte ich gar nicht, wo man wäre, Möttlingen ist der Boden, auf dem wir stehen und wachsen.«[21] Er unterstrich noch seine Aussage: »Es ist Möttlingen, nicht Bad Boll, sondern Möttlingen! Dort ist es anders geworden in unseren Herzen und Köpfen, und zwar unvertilglich anders.«[22] Dort erhob sich ein gewaltiger Geist, den er als etwas Weltgroßes empfand: »Gott war in der Luft, Gott war in all unserem Leben, Gott war in Sturm und Wetter, war in Krankheit und Not, Gott war in Anfechtungen, in Spott und Hohn. Wir machten diese Erfahrung: Gott, Gott, der ewige Gott ist mit uns verbunden.«[23] Das war die entscheidende, ganz reale Erfahrung Christoph Blumhardts, die nur als Melodie und niemals als Doktrin zu verstehen ist.

Bei der Bestattung von Johann Christoph Blumhardt hat Friedrich Zündel den alttestamentlichen Josua-Text: »Mein Knecht Mose ist gestorben, so mache dich nun auf und ziehe über den Jordan« auf den Sohn Christoph angewandt. Tatsächlich hat Christoph das geistige Erbe seines Vaters übernommen und es innerlich verarbeitet. Er imitierte ihn nie und verkörperte das Vermächtnis auf eine eigenständige Art, die einer Weiterentwicklung entsprach. Er sagte: »Das ist mir das größte Wunder, das ich mir denken kann in heutiger Zeit, daß ich die Sache meines Vaters fortsetzen konnte.«[24] Es gab offenbar in Bad Boll kein Generationenproblem, das heute so viele offene und heimliche

Tragödien bereitet und dem beizukommen auch recht-
schaffenen Eltern beim besten Willen nicht gelingt. Der
schroffe Generationengegensatz stellt unsere ganze
Kultur in Frage, ein Problem, das nur vom Göttlichen
her gelöst werden kann. Der junge Christoph Blumhardt hat die von seinem Vater übernommene Liedme-
lodie in einer anderen Tonart kraftvoll weitergesungen
und damit eine wegweisende Beziehung zwischen Alt
und Jung geschaffen.

Zunächst wollte er das väterliche Erbe treu verwalten.
Dies ist unstreitig richtig, denn wir haben die Tradition,
aus der wir hervorgegangen sind, uns vorerst anzueig-
nen. Sie muß aber, wenn sie nicht tot und leer werden
soll, auf eine neue Art gelebt werden. Etliche Jahre nach
dem Tode des geliebten Vaters, als der Sohn schon über
fünfzig Jahre alt geworden war, wuchs er zur Selbständigkeit heran und setzte sich mit der väterlichen Welt
verantwortungsbewußt auseinander: »Aber das, was
mein Vater wußte, reicht heute nicht aus. Ich mußte es
neu erwerben und weiterschreiten. Die frühere Offenbarung kann nicht für alle Zeiten ausschlaggebend sein,
in den Grundlagen wohl. Aber für die heutige Zeit
brauchen wir ganz neue Offenbarungen, um zu wissen,
was heute das Kommando ist.«[25] Über seine Auseinandersetzung mit dem Vater verfaßte Christoph Blumhardt eine Schrift unter dem Titel: »Gedanken aus dem
Reiche Gottes, im Anschluß an die Geschichte in
Möttlingen und Bad Boll und unsere heutige Stellung«
(1895). Das schmale, überaus bedeutsame Büchlein
vermittelt eine nicht alltägliche Lektüre und ist zum
tieferen Verständnis Christoph Blumhardts unentbehr-

lich. Es ist heute eine Rarität, und bedauerlicherweise wurde es nicht in die neuen Blumhardt-Editionen aufgenommen, angeblich weil Blumhardt sich später selbst davon distanziert habe. Diese Fama verdient keinen Glauben, zumal sie durch kein Dokument belegt werden kann. Es war eine für seine Entwicklung notwendige Schrift, die in ihrer vornehmen Auseinandersetzung nichts an der im tiefsten Grund sohn-väterlichen Einheit ändert. Der Sohn schrieb von falschen Stäben, auf die sich sein Vater gestützt habe, und löste sich in jener Zeit von seinen kirchlichen Eierschalen. Diese Einsicht hebt die Einheit zwischen Vater und Sohn nicht auf. Es wäre unrichtig, die eine Gestalt zu bejahen und die andere zu verneinen. Sie gehören eng zusammen. Christoph Blumhardts Motivierung bei dem inneren Gespräch mit dem Vater liegt auf dem Wort »heute«. Es ist nicht im modischen Sinn zu verstehen, als wollte Christoph Blumhardt immer bei dem Neuesten mitmachen, was ohnehin ein wertloses, sich verlierendes Verhalten ist, sondern ihm war das Gegenwärtige wichtig, die Jetztzeit im biblischen Sinn: »Heute, so ihr seine Stimme höret, so verstocket eure Herzen nicht.«[26] Glauben heißt nach ihm »Gott gegenwärtig nehmen«, ihn in die heutige Stunde hereinziehen. Darin liegt auch die Aufforderung beschlossen, darüber nachzudenken, wie wir heute, nach zwei Weltkriegen, Blumhardt sehen, ohne uns mit einer bequemen Wiederholung zu begnügen.

Bevor Christoph Blumhardts Erleben in seiner geistigen Fülle entfaltet wird, sei noch die während der Vikariatszeit eingegangene Ehe mit Emilie Bräuningen erwähnt.

Über dieses Thema gleiten die Biographen mit Still-schweigen hinweg, und dabei ist doch die Frau der nächste Mensch im Leben eines Mannes. Selbstver-ständlich läßt sich von außen über keine Ehe urteilen, weswegen Vorsicht geboten ist. Ehefragen haben ihre eigene Färbung; sie liegen in einer Gefühlstiefe, bei der meistens das Eigentliche unausgesprochen bleibt, dies trotz der vielen Worte, die oft darüber verloren werden. Emilie war ein gutgesinntes Bauernmädchen, von dem Vater Blumhardt einmal zu seinem Sohne sagte: »Das wär ein Mädele für dich.« Das anmutige, schaffensfreu-dige Mädchen gefiel Christoph, das spürt man aus seinen Liebesbriefen, die entzückend zu lesen sind. Nach mehr als zwanzigjähriger Ehe schrieb er ihr: »Mit jedem Atemzug gedenke ich Deiner.«[27] Aus ihrem Ehebund gingen im Laufe der Zeit elf Kinder hervor – man sprach damals noch nicht von Familienplanung. Elf Kinder sind für eine Frau viel, ja zu viel, nament-lich wenn sie noch einem Kurhaus vorzustehen hat. Emilie erkrankte denn auch mehrfach schwer; nach der zehnten Geburt mußte sie sich einer überaus schwierigen Halsoperation unterziehen, bei der man ihr eine Kanüle einsetzte. Nach der elften Geburt war sie am Ende ihrer Kräfte angelangt und sah sich gezwungen, die belastende Verwaltung des großen Hauses aufzugeben. Die Diakonissin Anna von Spre-witz hat hernach dieses Amt übernommen. Frau Blum-hardt übersiedelte hierauf zur Erholung zu ihren Kin-dern nach Neuseeland und China, ein Aufenthalt, der sich über viele Jahre hinzog. Die Reise in die Ferne geschah im vollen Einverständnis mit ihrem Gatten,

sagte er ihr doch nicht ohne einen religiösen Unterton:
»Ich sende Dich nach Neuseeland.« Während dieser
Zeit blieben die beiden Ehegatten stets in brieflicher
Verbindung. Christoph Blumhardt schrieb seiner Frau:
»Wir gehen ja viel mit Dir um, und Du stehst im
Mittelpunkt unseres Denkens und Betens... Du bist
nun einmal auch Mutter in Asien wie in Neuseeland
und in Europa.«[28] Das Gerede von einer »Trennung
Blumhardts von seiner Frau« entbehrt jeder Grundlage.[29] Es existiert auch keine rechtliche Urkunde in
diesem Sinn. Im Gegenteil, Frau Blumhardt schrieb
noch in ihren späten Jahren an eine Freundin: »Ich
fühlte mich niemals von meinem Manne getrennt, auch
nicht, als Länder und Meere zwischen uns lagen.« In
den kurzen unveröffentlichten »Erinnerungen an
Blumhardt« von der Zürcherin Ida Zimmermann, in
die Frau Weber, die Nachlaßverwalterin des jüngeren
Blumhardt, mir gütigerweise Einblick gewährte, gibt es
geradezu rührende Ausführungen über die unverän-
derte gegenseitige Zuneigung des alten Ehepaares. Als
Frau Blumhardt nach jahrelanger Abwesenheit nach
Bad Boll zurückkehrte, war Schwester Anna von Sprewitz fest im Sattel. Die von vielen Gästen verehrte
Gattin trat in vornehmer Opferbereitschaft in den
Hintergrund und lebte bis zu ihrem Tode still und
zurückgezogen in Bad Boll. Bis an ihr Lebensende
erfüllten sich die Worte, die Blumhardt einst an seine
Braut schrieb: »Ich weiß, wieviel Du um meinetwillen
hingibst. Du gibst her, was Du bei mir nicht findest,
nämlich einen geschlossenen Familienkreis«, und im
gleichen Brief wies er auf seine eigenen Kinderjahre hin:

»Wir mußten uns einen höheren Begriff von Familie aneignen und gefallen lassen.«[30] Emilie wurde auf dem ihr zukommenden Platz an der Seite ihres Gatten begraben.

Christoph Blumhardt dachte auch an sein persönliches Geschick, wenn er sich Gedanken über die Frau und die Ehe machte. Er schrieb seinem Schwiegersohn, daß »das Geschlechtsleben der Menschen wohl noch nie in Ordnung war und die Ehe für viele Paare eine Qual sei«[31]. Erstaunlich bleibt, daß er damals schon ein Thema aufgriff, zu einer Zeit, da man noch über solche Fragen allgemein schwieg, während man sich in der Gegenwart darüber heiser schreit. Zum paulinischen Eheverständnis im ersten Korintherbrief fühlte er sich »in schneidendem Gegensatz«[32]. Dies ist zwar im Hinblick auf Paulus etwas salopp ausgedrückt, aber die Worte des Apostels befriedigen feiner empfindende Menschen nicht. Nur um der Brunst willen eine Frau zu heiraten, ist ein niedriges Motiv, und »die Frau so zu behandeln, als hätte man sie nicht«[33], kann nicht dem tieferen Sinn der Ehe entsprechen. Von einem Untertanensein der Frau wollte Christoph Blumhardt entschieden nichts wissen: »Männer verstehen noch nicht, was ihnen die Frau sein soll«[34], meinte er dazu. Er versuchte, dieses bedeutsame Gebiet neu zu überdenken, wenn er auch ehrlich gestand, »noch nicht die volle Klarheit darüber zu haben, wie das Leibesleben zum Geistesleben stehen soll«[35]. Ohne selbst fertige Rezepte zu haben, forderte er die Zuhörer zu neuem Nachdenken auf. Christoph Blumhardt war für eine Sublimierung – ähnlich wie Albert Schweitzer –, eine Einstellung, die sich jedoch nur bei geistigen Menschen nicht als Verdrängung auswirkt. Sie kann nicht allgemeine Gültigkeit beanspruchen. Der richtige Weg fordert eine voneinander nicht zu trennende seelische und leibliche Erfüllung, die der ewigen Schöpfungsordnung entspricht. Christoph Blumhardt deutete nur die ersten »Anfänge einer Reformation auf diesem Gebiet« an, und unsere Generation muß das Problem in hoher Verantwortung weiterführen, wobei die verlogene Prüderie des 19. Jahrhunderts wie auch die heutige sexuelle Freizügigkeit nicht in Betracht kommen.

Eine neue Gestaltung der Ehe wird nur gefunden, wenn »das Leben wirklich als ein Gesang vor Gott«[36] erfaßt wird. Trotz des ungeliebten Theologiestudiums verstand Christoph sein Leben als ein Loblied vor dem Ewigen. Mit dem Wort vom »Gesang im höheren Chor« ist der Aspekt genannt, unter den sein ganzes Dasein gestellt werden muß. Die Melodie tönt nicht immer gleich stark, zuweilen ist sie kaum hörbar, dann schwillt sie wieder an, immer aber ist es ein Gesang vor Gott, der stets nur von den Mitsängern, nie von den bloßen Zuhörern in seiner ganzen Tiefe verstanden wird.

Der Sünder Geselle

Christoph Blumhardts Denken und Fühlen war durch sein Jesus-Erleben geprägt. Er war ein Erlebnismensch und kam nicht wie der tiefsinnige Nikolaus von Kues durch das Denken zu Gott. Nach Blumhardt sollen wir Gott nicht mit unseren Gedanken ausmalen; wir müssen ihn erfahren, und wer ihn erlebt hat, der zweifelt nicht mehr an seiner Existenz. »Es ist etwas anderes, ob jemand lernt, oder ob jemand erfährt, was Jesus ist. Man muß Erlebnisse machen vom Himmel – dann weiß man, was das Reich Gottes ist.«[1] Jesus als Wirklichkeit – diese Erfahrung war ihm zuteil geworden. »Fangt einmal an, nicht dogmatisch über Christus zu denken. Das nützt gar nichts. Bleibe bei dem, was Christus von sich gesagt hat, und liebe ihn einmal! Wo Liebe ist, da kommt er.«[2] Es ging Christoph Blumhardt nicht um den historischen Jesus, nach dem damals die Theologie haschte und dabei nur ein klägliches Gerippe erwischte, und auch nicht um eine schwerverständliche Christologie. Dem Mann in Bad Boll war »Jesus heute« wichtig, wie ihn sein Vater und er in Möttlingen ganz elementar erfahren hatten. Die Christus-Realität war für ihn eine Wirklichkeit; er rechnete mit ihr in jeder Situation, und man spürt bei ihm auch eine Jesus-Atmosphäre. Christoph Blumhardt wollte nichts von einer bloßen Christus-Idee wissen, vielmehr war Jesus für ihn eine gegenwärtige, Kräfte ausstrahlende Person, deren Anwesenheit man bei ihm förmlich fühlte.

Er setzte die Verkündigung seines Vaters fort und ist nur von ihm aus zu verstehen, wenn auch die beiden Männer nicht in eins gesetzt werden dürfen. Die Originalität des Sohnes bestand darin, daß er gerade nicht originell sein wollte. Ihm war zunächst daran gelegen, die väterliche Tradition weiterzuführen. »Jesus ist Sieger«, tönte es von der Kanzel herab, Worte, die nun die Gäste auch aus dem Munde des Sohnes hörten. Trotzdem redete er nicht einfach dem Vater nach, aufmerksame Zuhörer spürten schon die neue Sprache: »Ich will kein so langweiliges Christentum, ich will etwas Lebendiges – vorwärts muß es, bis die ganze Welt kracht, und ganz Bad Boll kracht! – Geschichte muß her, Gottesgeschichte!«[3] Er war sich klargeworden, daß alle menschlichen Einrichtungen der Zeit unterworfen sind, auch die in seinem Hause. Schon in den achtziger Jahren des vergangenen Jahrhunderts empfand er das herannahende Gericht: »Die Mörderwaffen sind alle gerüstet; die Mächte der Finsternis sind auch schon auf und wollen es dahin treiben, daß die Erde – namentlich Europas und wohl auch Deutschlands – eine Blutlache werde.«[4]

Auch die Pflege der Seelsorge übernahm er von seinem Vater und führte Gespräche mit unzähligen Menschen aus allen Kreisen. Er erfuhr, daß viel Schweres und Bedrückendes im Volk vorhanden ist, hörte den Beladenen zu und versicherte ihnen: »Ich steh' hinter dir.« Schon bei seinem Vater ereigneten sich leibliche Heilungen und beim Sohn nicht weniger. Der jüngere

Blumhardt war überzeugt: »Es ist ein göttlich-natür-
liches Gesetz, daß Leib und Seele zusammengehören.«[5]
Er ist für die ganzheitliche Auffassung des Menschen
eingetreten zu einer Zeit, da noch niemand dieses Wort
aussprach. Doch trat er eines Tages nicht mehr für
Heilungen ein, als er wahrnehmen mußte, daß es gar
vielen Menschen allein um die leibliche Gesundheit zu
tun war. Er wollte Bad Boll nicht in den Ruf einer
Gesundbeter-Anstalt bringen.

Man darf geradezu von einer Gabe der Seelenschau und
der Seelenführung reden, wenn er auch diesen Begriff
ebenso ablehnte, wie es Tersteegen tat. Bei Christoph
Blumhardt gab es, wie er sich selbst ausdrückte, »wun-
derbarerweise auch noch Beichte«, womit er wiederum
den Zusammenhang mit seinem Vater betonte.[6] Nie
übte er auch nur den leisesten Druck aus, und vor allem
gab es da keine Seelenzerknirschung oder schluchzende
Reuetränen. Offenkundig tat es aber vielen Menschen
unendlich wohl, ihre Schuldgefühle abladen zu können
und dann auch eine Lossprechung im Namen Jesu zu
erfahren.

Christoph Blumhardt war befähigt, ein überlegenes
Wort zu sprechen. Zu einem schwermütigen Menschen
sagte er: »Wenn du traurig bist, freu' dich für die Welt!
Sieh von dir ab.«[7] Dabei wußte er, daß dieser Ratschlag
»eine starke Turnübung war«, zumal depressive Menschen namentlich unter der Meinung leiden, ihr seelischer Druck bleibe für alle Zeiten auf ihnen lasten. Er
ging auf alles ein, auf Großes und Kleines, Bedeutendes
und Unbedeutendes. Kaum sprach er über seine Betreuung der Menschen, gab die ihm anvertrauten Geheim-

nisse selbstverständlich nicht preis, weswegen wir darüber wenig wissen. Man staunt, mit welcher Vollmacht Christoph Blumhardt zu den einzelnen Menschen gesprochen hat und wie er ihnen seelisch-leiblich zu helfen vermochte. Die Leute hatten vom schwäbischen Starez den Eindruck: Das ist ein Pfarrer mit einer Antwort! Solche Persönlichkeiten gab es immer wieder in der Christenheit; von ihnen gilt das Wort, daß sie das Salz der Erde sind. Deswegen haben die Besucher von Bad Boll gesagt: »Da weht ein Wind, der uns eine Luft bringt, wie sie sonst nirgends zu finden ist auf der ganzen Welt.«[8]

Wenn man versucht, Christoph Blumhardts Seelsorge inhaltlich näher zu bestimmen, so ist sie durch seine Trennung vom christlichen Pharisäismus zu charakterisieren. Die jüdischen Pharisäer werden gewöhnlich verkannt, indem man sie der Heuchelei bezichtigt. Das ist nicht richtig. Die Pharisäer waren die Frommen ihrer Zeit, auch wenn sie sich mit ihrer Gesetzlichkeit der »Gottlosigkeit im Guten« (Kutter) schuldig gemacht haben. Es gibt aber auch den christlichen Pharisäismus, von dem Blumhardt sagte: »Der Pharisäismus hat's gewonnen durchweg... Hunderttausende, die Gutes suchen und Redliches wollen, gehen in keine Kirche, weil der Pharisäismus in der Kirche steckt und an dem hat die Welt genug.«[9] Noch schärfer hat er den Moralismus abgelehnt: »So kommt es, daß bis auf den heutigen Tag das Pharisäertum die Hauptrolle auch im Christentum spielt.«[10] Er sagte den Phärisäern und Moralisten den Kampf an und überwand sie auch innerlich. Allezeit nahm er gegen den Pharisäismus und für die Sünder Partei. Dies sei an zwei wenig bekannten Beispielen veranschaulicht.

Das eine erzählt Freiherr Senfft von Pilsach in seinen »Erinnerungen an Blumhardt«. Während eines Aufenthaltes in Berlin wünschte Christoph Blumhardt, einmal auch vom Nachtleben der Großstadt einen Eindruck zu empfangen. Früher schon in Genf sah er sich eine Operette an, »um die Hohlheit vieler Menschen kennenzulernen, die an solchem Zeug eine Freude haben«[11]. In Deutschlands Hauptstadt besuchte er mit einem Freund eines Abends ein dem Eros dienendes Tanzlokal. Christoph Blumhardt dachte nicht von entfernt daran, sich zu vergnügen. Auch keine Neugierde war im Spiel, wußte er doch, daß es arme Mädchen waren, die hier ein trauriges Dasein fristeten. Kaum hatten die beiden Herren im Lokal Platz genommen, näherte sich auch schon eines der Mädchen und fragte schüchtern, ob es sich zu ihnen an den Tisch setzen dürfe. Christoph Blumhardt bejahte die Frage. Offenbar spürte das Mädchen instinktiv, daß die zwei Herren nicht zu den üblichen Gästen des Tanzlokales gehörten. Das Mädchen blickte Christoph Blumhardt an, faßte Zutrauen zu ihm und begann ihm offen »die Geschichte ihres Lebens zu erzählen und fragte ihn dann um Rat, was sie nun weiter tun solle«[12]. Er gab ihr die erbetene Wegweisung. Eine derartige Geschichte aus dem nächtlichen Berlin finden wir wohl kaum in der Biographie eines Kirchenrates. Das ist schlechthin unvorstellbar. Wohl aber liest man in den Evangelien, daß Jesus mit den Zöllnern und Sündern zu Tische saß und deswegen ihr Geselle gescholten wurde.[13] Mit den Sündern zu essen, dazu konnten sich die Christen nie verstehen, immer sprachen sie in pharisäischem Ton von den »gefallenen Mädchen« und versuchten, sie zu bekehren. Christoph Blumhardt dagegen war hierin völlig frei; er wollte bei den Elenden und »Sündern« sein und mit ihnen eine übermoralische Gemeinschaft pflegen. Damit hat er eine anschauliche Illustration zu seinem Dasein gegeben: der Sünder Geselle. Er schämte sich dieses Namens nicht.

Das andere Beispiel verbindet sich mit dem Namen Effi Briest. Theodor Fontane hat in seinem ergreifenden Roman ihre Geschichte in dichterischer Freiheit umgestaltet, indem er die unglückliche Effi jung und in namenloser Traurigkeit sterben ließ. Horst Budjuhn hat ihrem Leben nachgeforscht und es in einer Biographie dargestellt. Elisabeth von Ardenne – so war ihr wirklicher Name – war eine deutsche Dame, die einen Fehltritt überaus schwer büßen mußte. Ihr Liebhaber wurde im Duell erschossen, ihr Gatte verwies sie des Hauses, im Scheidungsprozeß sprach das Gericht ihre zwei Kinder dem Manne zu, und von der guten Gesellschaft war sie als schwarzes Schaf ausgeschlossen. Die öffentliche Verstoßung traf sie in ihrem Lebenskern, und sie stand nun, seelisch durcheinander, verloren in der Welt. Völlig vereinsamt, reiste die dreiunddreißigjährige Elisabeth von Ardenne nach Bad Boll. Still hörte sie sich Christoph Blumhardts Ansprachen an und wagte nach einiger Zeit, ihn anzusprechen. Die Gespräche und Gebärden zwischen den beiden in Budjuhns Biographie sind fiktiv und auf die Rechnung schriftstellerischer Freiheit zu setzen. Tatsache aber bleibt, daß sich Christoph Blumhardt ihrer seelsorgerlich angenommen hat. Er sah hinter der Ehebrecherin den namenlos unglücklichen Menschen, der ihn um Hilfe bat. Es waren genug Steine auf sie geworfen worden; jetzt bedurfte die Sünderin eines Menschen, der zu ihr stand. Dies tat Blumhardt vorbehaltlos. Elisabeth von Ardenne blieb einige Zeit in Bad Boll, bis sie dank Blumhardts helfenden Worten wieder Boden unter den Füßen fand. Nachdem er ihr das seelische Gleichgewicht und das Selbstvertrauen zurückgegeben hatte, faßte die Ausgestoßene wieder Zutrauen zu einem sinnvollen Dasein und entschloß sich, den Beruf einer Krankenschwester zu ergreifen. Sie blieb Christoph Blumhardt in nie versiegender Dankbarkeit verbunden und nannte ihn ihren »Lebenshelfer«. Die briefliche Verbindung dauerte bis zu Blumhardts Tod: Stets legte sie ihm ihre Lebensprobleme vor. Er hat ihr geholfen, sich in ihrem verfehlten Leben wieder zurechtzufinden, und dies ohne jede Moralpredigt! Christoph Blumhardt hat ihre Tragik durchbrochen, eine Tat, die in der sich christlich gebärdenden Gesellschaft nur ganz selten geschieht. Die Überwindung der Tragik ist nur durch das Evangelium möglich. Blumhardt verlor es keinen Augenblick aus den Augen, als er der Sünder Geselle wurde. Seine Seelsorge war ganz unkonventionell, jedenfalls fiel sie aus dem kirchlichen Schema heraus. Sie war unmittelbar und von einer warmen Menschlichkeit, ein wahres Charisma: »Ich will bis zu meinem letzten Atemzug für die Sünder, für die Elenden, für die Verstoßenen kämpfen.«[14] Er fühlte sich berufen, ein Evangelium zu verkünden, das keinen Menschen verdammt. Die Idee einer ewigen Verdammnis für ein zeitliches Vergehen hielt er für eine Kirchenansicht, die im Gegensatz zur biblischen Botschaft von der unendlichen Barmherzigkeit Gottes stehe. Die Liebe Gottes war für Christoph Blumhardt die Grundlage seines Denkens und Fühlens, dank der er sich frei unter braven und unter gestrandeten Menschen bewegte und sie gerade deshalb für das Evangelium gewann.

Die von jedem christlichen Pharisäismus freie, ungewöhnliche Seelsorge verdankte er einem tiefen Erfassen der Liebe Gottes. Aus diesem Erleben notierte er sich: »Die Liebe Gottes ist der Schlüssel in die Welt... Nicht die Welt sieht Gott, sondern Gott sieht die Welt.«[15] Mit dieser Erleuchtung vollzog Christoph Blumhardt eine kopernikanische Umdrehung der christlichen Denkweise, nach der die Menschen ohne Vermittlung, ohne Staffeln, ganz unmittelbar zu Gott kommen. Nach Christoph Blumhardt müssen wir Mitleid haben mit den Menschen, denen der Glaube so schwer fällt, weil sein Schwung verlorenging.

Er forderte seine Zuhörer auf: »Sagt es allen Völkern, sagt es allen Menschen: Es ist nicht wahr, daß ihr verloren seid.«[16] Damit kam ein neuer Klang in seine Seelsorge hinein. Er wandte sich vehement gegen die Unsitte des Richtens, wie es von den Sekten bis in die theologischen Fakultäten hinein üblich war. Leidenschaftlich bekämpfte er die Verdammungssucht der unchristlichen Christen. Er war hierin nicht alleine, auch Charles Péguy in der katholischen Kirche und Nicolai Berdjajew in der Ostkirche sprachen sich gegen die Lehre von der ewigen Verdammnis aus, die nach ihnen das Evangelium auflöst. Christoph Blumhardt blieb hierin unerbittlich und wehrte sich dagegen bis zum letzten Atemzug. Dies geschah nicht aus einer Verweichlichung heraus, sondern weil er die Barmherzigkeit Gottes ganz ernst nahm und sich von ihr nichts, aber auch gar nichts abhandeln ließ. Nach seiner Überzeugung werden nicht nur die Bekehrten gerettet, sondern auch die Sünder, sie vor allem. Das Wörtchen »alle« war für Christoph Blumhardt von zentraler Bedeutung. Er selbst wollte nicht in den Himmel hinein, bevor nicht alle andern darin wären. Tatsächlich war durch ihn eine große Türe aufgegangen, durch die das göttliche Licht hereinflutete.

Christoph Blumhardt setzte sich für alle Menschen ein, für Gerechte und Ungerechte, eine Geisteshaltung, aus der auch seine Ablehnung des Nationalismus zu verstehen ist. Sie wird gewöhnlich übergangen und ist doch für eine erneuerte Christenheit von Bedeutung. Blumhardt bezeichnete »die Nationalitäts-Klötze als total unchristlich«[17] und bewies dies auch bei Ausbruch des Ersten Weltkrieges. Während die meisten deutschen Pastoren einen strammen Patriotismus bezeugten, fand man bei Blumhardt nicht die leiseste Spur von Kriegsbegeisterung, nicht einmal in den ersten Augusttagen des Jahres 1914. Jede Hetze war ihm völlig fremd, war er doch, wie sein Vater, frei von Haß gegenüber andern Völkern.

Er lehnte jede Verdammungssucht ab und verband damit wieder einen positiven Gedanken. Christus sprach die Worte: »Deine Sünden sind dir vergeben!« Diese erlösenden Worte sind der Christenheit wohlbekannt, wenn sie auch selten in ihrer ganzen Tragweite erfaßt wurden. Die Vergebung ist eine Kraft, die durch alles hindurchgeht. Daraus ergab sich für Blumhardt, die Menschen prinzipiell im Lichte der Vergebung zu sehen. Daß jedermann Fehler und Sünden begangen hat, bezweifelte Christoph Blumhardt nicht, aber er beurteilte die Sünde als eine Krankheit und unterschied zwischen Sünde und Sünder. Wir haben den Menschen zu sagen: Gott hat dir vergeben, du kannst gar nicht aus der Vergebung herausfallen. Christoph Blumhardt durfte das königliche Wort von sich sagen: »Ich habe den Beruf des Vergebens.«[18] Dies ist wohl sein tiefstes und schönstes Selbstverständnis. Die Freude klingt in ihm nach. Die Botschaft der Vergebung bringt eine Helligkeit in das menschliche Dasein hinein, der man sonst nicht begegnet. Blumhardt hat sie sich nicht ausgedacht, sondern er hat sie dem Evangelium entnommen. Jesus hatte den Jüngern die Aufgabe übertragen, zu binden und zu lösen, wozu Blumhardt bemerkte: Gebunden durch Gewohnheiten, Neigungen, Triebe, Süchte sind die Menschen genug; den Christen ist aufgetragen, sie zu lösen und zu befreien. Seine Botschaft von der Vergebung hat nichts mit der heute vielgenannten Theologie der Befreiung zu tun, die die Menschen in die Politik verwickelt. Vergebung anstelle des Moralismus befreit und wirkt wie der Anbruch eines neuen Tages in der Geschichte. Blumhardt hat damit eines der gewaltigsten Worte Jesu in seiner Weite und Tiefe erkannt.

Sich als der Sünder Geselle zu wissen und die Botschaft der Vergebung in die Menschenwelt hineinzutragen, gehören untrennbar zusammen. Diese Botschaft ist die aus den Evangelien hervorgegangene Vertikale, welche die verworrene Horizontale des menschlichen Lebens durchschlägt. Man muß das Neue und Ungewohnte dieser Seinshaltung heraushören, und wer das nicht empfindet, der hat die jesuanische Lebensweise nicht an sich selbst erlebt. Christoph Blumhardt hat sie nicht einfach so munter dahergeredet, sondern ihm war es gegeben, sie auf eine einzigartige Weise zum Erstrahlen zu bringen. Sie leuchtete in Bad Boll als ein Licht auf, das da scheint an einem finsteren Ort. Wohl deshalb war dieser Ort für viele Menschen von großer Anziehungskraft.

Wie aus dem Fremdenbuch hervorgeht, suchte auch der junge Gottfried Benn Blumhardt auf und erreichte durch ihn, daß der Vater ihm nicht länger das gewünschte Medizinstudium verweigerte.[19] Ebenso wurde der an einer Pubertätskrankheit leidende Hermann Hesse von seinem Vater zu Blumhardt gebracht, der ihn jedoch nur aufnehmen wollte, wenn der Jüngling dem Aufenthalt zustimmte. Hermann Hesse aber fuchtelte mit einem Revolver im Kurgarten herum und entfloh nach kurzer Zeit, womit die Verbindung mit Blumhardt aufhörte.

Christoph Blumhardt meinte keineswegs, mit seiner Seelsorge am Ziel angelangt zu sein. Er fühlte sich durchaus in einem Werdeprozeß. »Wir klimmen aber noch den Berg hinan und haben die Spitze noch nicht so sehr bald erreicht; doch unterwegs schon sind wir fröhlich und brauchen uns nicht zu grämen. Es muß zu einem kleinen Volk kommen, welches frei nach allen

Seiten und unberührt von den Weltzuckungen ist.«[20]
Diesem Ziel wanderte er mutig und unentwegt entgegen; er ließ sich durch keinen Einspruch irremachen, weil er von der Wahrheit überzeugt war.

Eugen Jäckh nannte Christoph Blumhardts Dasein als der Sünder Geselle »ein Lied ohne Worte«[21]. Damit betonte der langjährige und verdiente Freund ebenfalls, daß es sich bei Christoph Blumhardt um ein Lied und nicht etwa um eine Lehre handelte, der immer etwas Trockenes anhaftet, während ein Lied den Menschen erfreut. Auch Blumhardts Glaube an die endliche Seligkeit aller Menschen ist keine Doktrin, sondern eine liedhafte Hoffnung. Nicht ganz richtig ist die Auffassung, es sei ein Lied »ohne Worte«. Christoph Blumhardt schrieb keinen stummen Fischgesang wie Christian Morgenstern in seinen »Galgenliedern«, denn er verfügte über das ihm aufgetragene Wort der Vergebung. Dies war das Geheimnis seiner beinahe einmaligen Seelsorge, die er schlicht und bestimmt pflegte. Wenn immer die Christus-Realität aufleuchtet, kommt es zu einem Lied. Der Aufbruch des Franziskus kulminierte in seinem Sonnengesang, und Christoph Blumhardts Lied überwältigte die Menschen, weil es von einer unaussprechlichen Freude erfüllt war.

Ein Rebell eigener Art

Sowohl in seiner Seelsorge als in seiner Verkündigung kam Blumhardts neues Wort immer deutlicher zum Tragen. Gebildete Menschen bezeugten, sie könnten niemals mehr bei einem gewöhnlichen Pfarrer zur Predigt gehen, seit sie Christoph Blumhardt mit Vollmacht reden gehört hätten. Der Eindruck sei überwältigend gewesen. Mit den beiden Blumhardts verbindet sich unlöslich die Botschaft vom Reich Gottes. Es entsprach nicht Christoph Blumhardts Art, das Reich theologisch zu definieren. Für ihn besaß das Reich Gottes einen gegenwärtigen und auch einen zukünftigen Charakter. Er empfand dies nicht als einen Gegensatz, sondern für ihn waren Jetztzeit und Erwartung eng miteinander verbunden.

In einer Beziehung unterschied sich seine Reichsverkündigung von der seines Vaters. Eine innerchristliche Reflexion kündigte den Abweichler an. Man könnte sie mit der pointierten Formulierung Loisys umschreiben: Jesus verkündete das Reich, und es ist daraus die Kirche geworden! Dies ist keine spöttische Bemerkung, sondern der ihr zugrundeliegende Sachverhalt entsprach bei der Parusieverzögerung einer geschichtlichen Notwendigkeit. Augustin hat denn auch das Reich der Kirche gleichgesetzt. Christoph Blumhardt nahm die auch von ihm wahrgenommene Verschiebung nicht wortlos hin. Sie löste ein vertieftes Nachdenken aus und gab seinen Predigten auf Jahre hinaus den entscheidenden Akzent, der gar nicht mehr auf die korrekte Lehre bedacht war.

Immer wieder waren in seinen Predigten kräftige Ausfälle gegen die Frommen zu hören. Christoph Blumhardt nahm nicht die oberflächlichen Weltkinder aufs Korn, sondern die frommen Christen. Je länger je mehr geriet er in einen Widerspruch zu der Frömmigkeit seiner Umgebung. Nach ihm war »das hergebrachte Fromme immer das Schrecklichste – das hat den Herrn gekreuzigt«[1]. Er bewertete »die Bluttheologie als ein Mißverständnis«[2] und sagte einmal, »der Teufel, der kommt mit dem Gebetbuch in der Hand«[3] daher. Christoph Blumhardt wandte sich entschlossen von den Frommen ab: »Bei diesem kleinlichen und egoistischen Zug, da jeder nur ›den lieben Heiland‹ für sich will und ein süßes Breilein sich anrührt, an dem er recht gemütlich sich satt essen kann – bei diesem Zug des Egoismus bleiben wir ohne Jesus.«[4] Wegen des egozentrischen Verlangens der Frommen, die nur gesund zu werden wünschten und sonst nichts anderes wollten, bot Christoph fortan auch nicht mehr die Hand zu Heilungen. Diese Fürbitte trat bei Blumhardt dem Jüngeren in den Hintergrund, wenn sie auch nie ganz verschwand. Um der Wundersucht entgegenzutreten, stellte er die Heilungen bewußt zurück, obschon er nach wie vor an Wunder glaubte.

Es wäre ein zu einseitiges Verständnis, Blumhardts oft scharfe Sprache nur auf die Frommen zu beziehen. Damit würde das Problem verkleinert. Sein Stoß ging weit darüber hinaus und richtete sich gegen die ganze

Kirche. Er geriet in eine innere Auflehnung gegen die erstarrten Gewohnheiten der Kirche und fand, sie sei nicht mehr vom göttlichen Geist durchpulst. Die Kirche leide unter Verhärtungen, unter Selbstgenügsamkeit und unter Langeweile. Zu allen Zeiten bildeten die Schemata einen Ballast, der sich dem lebendigen Menschen auf die Seele legt. Christoph Blumhardt wurde mißtrauisch gegen sich selbst, gegen seine Gebete, gegen seine Andachten und gegen seine Gottesdienste. Eines Tages nannte er dies alles kurzerhand »christliches Fleisch«. Nun brach es in ihm los gegen die selbstsüchtige Frömmigkeit, die sich auch in kirchlichen Kreisen breitmache. Wie bei einem wilden Bergbach stürzten seine Wasser jetzt in die Tiefe. Ein scharfer Wind pfiff durch seine Predigten: »Eine reich gesättigte Kirche produziert die soziale Frage, das heißt, den Jammer der Menschheit.«[5] Seine Rede begann rebellisch zu werden.

Er schloß sich selbst mit ein in seine Kirchenkritik und scheute sich nicht, daraus die Konsequenzen zu ziehen. Er zog seinen Talar aus, verschenkte die Kanzel des Predigtsaales und feierte auch kein Abendmahl mehr. »Ich habe heute keinen Kirchenrock mehr angezogen, weil ich Abschied nehme von dem, was ich als Pfarrer war.«[6] Das war kein Bruch mit der Kirche, zumal sich Bad Boll fortan der Dorfgemeinde Boll anschloß, die sein Bruder Theophil betreute. Christoph Blumhardt erklärte in einer Predigt: »Mich haben die Kirche und die frommen Leute einfach verlassen, seitdem ich gesagt habe: Auf das kommt alles an. Es ist keine gangbare Münze! Hätte ich noch einen Kirchenrock an und würde auf der Kanzel stehen – das ist gangbare Münze.«[7] Dies alles empfand er als geisthemmend und erklärte kühn: »Jetzt handelt es sich nicht mehr um Konfessionen und Glaubensbekenntnisse und Kirchen – die Zeit ist vorüber –, es sei ferne von mir, irgendwie Umstürzer zu sein, aber es sind nur noch Ruinen.«[8] Nach Christoph Blumhardt erstarrt die sich konservierende Christenheit im Eis ihrer Gedanken und Wege. Empört sagte er die unerhörten Worte: »Wollte Gott, die Kirche, die Mörderin, wäre nie geworden.«[9] Seinem Freund Eugster schrieb er: »Du brauchst gar nicht mehr zu zweifeln, ob diese Gebilde [gemeint sind Kirche und Religion] noch einmal fähig werden als Werkzeuge der Wahrheit. Niemals werden sie es.«[10] Er richtete kritische Worte an die stagnierende Kirchlichkeit, wenn seine Worte vielleicht auch ein vertieftes ekklesiastisches Verständnis vermissen lassen. Ja, er schreckte nicht davor zurück zu sagen: »Unsere Kirche ist inwendig verfault.«[11] Das sind harte Worte, die wie Ochsenstacheln steckenbleiben. Eine derartige Äußerung kann nur ein Ketzer tun. Aber ist sie unwahr? Läßt sie sich leicht widerlegen? Christoph Blumhardt stieß sich am toten Mechanismus der Kirche und brach entschlossen mit verschiedenen Gebräuchen und Gewohnheiten. Sein Lied nahm in dieser Phase seines Lebens einen kämpferischen Ton an, es erscholl zuweilen wie ein Schlachtgesang, der in den Ohren vieler kirchlich eingestellter Menschen allzu schrill klang. Sie verstanden ihn nicht, und selbst eine so lautere Gestalt wie der alte Bodelschwingh war irritiert und fand erst nach Jahren zu Blumhardt zurück.

Die kritische Wende im Leben Blumhardts ruft nach einer Reflexion, besonders da sie unter verschiedenen Gesichtspunkten zu betrachten ist.

Zunächst ist darauf hinzuweisen, daß Christoph Blumhardts unmißverständliche Polemik gar nichts Beleidigendes oder gar Gehässiges an sich hat. »Er hat den Kampf allezeit ritterlich und offen geführt.«[12] Man spürt ohne weiteres, daß er damit keine Hiebe austeilen wollte. Seine Worte kamen aus einem liebenden, mit Lob und Dank angefüllten Herzen. Hinter ihnen stand ein Mann, der seine innersten Gedanken laut aussprach, der einfach frei von der Leber weg über das redete, was ihn überaus stark beschäftigte. Er hatte auch für die Gegner Verständnis. »Ich will auch meine Feinde nicht gescholten wissen – mein Feind soll unberührt bleiben. Wer mich schilt, soll nicht wieder gescholten sein.«[13] Ihm fehlte jede hämische Freude, wenn er fremde, gegenteilige Ansichten widerlegte, was allein schon eine große Seltenheit in der Geschichte der christlichen Polemik ist. Diese Wahrnehmung sollte den Leser seiner Predigten nachdenklich stimmen und es ihm verwehren, Blumhardts Opposition gegen die Kirche mit leichter Hand wegzuschieben. Sie enthält ernstzunehmende Probleme.

Christoph Blumhardts Auflehnung gegen überholte kirchliche Formen ist nur äußerlich als Kirchenkritik zu interpretieren, tiefer gesehen war es ein Leiden an der Kirche, an ihrer Taubstummheit, an der Glaubensschwachheit einer geistlosen Christenheit, an der Nachtzeit der Kirche, kurz, an der Not der Christenheit. Er empfand keinen Zorn über die evangelische

Kirche, aber er hat an ihr gelitten. Wer könnte ihm dies in unserer Gegenwart nicht nachfühlen? Gerade die lebendigsten, im Dienste der evangelischen Kirche stehenden Söhne hadern oft mit ihr. Bürokratismus und Betriebsamkeit verbergen ihre Armut; ihr aber deswegen den Abschied zu geben, daran dachte Christoph Blumhardt nicht entfernt. Es gab keinen Bruch mit der Kirche. Wahrscheinlich hat er die Schwerkraft der kirchlichen Institution unterschätzt, die auch Zeiten der Dürre zu überdauern vermag. Auch ist er nach der Beseitigung gewisser kirchlicher Gebräuche später beinahe stillschweigend zu ihnen zurückgekehrt, dies um so mehr, als es ungeheuer schwer ist, auf diesem Feld neue, glaubwürdige Formen zu gestalten. Auch Blumhardts Abkehr und Rückwendung zur religiösen Tradition gehören in diesen Bereich der Thematik. Es ist leichter, eine kirchliche Form zu zerbrechen, als eine neue zu schaffen.

Hinter Blumhardts oft ketzerischer Kirchenkritik steht ein tieferes, bis heute selten wahrgenommenes, geschweige gelöstes Problem: Sind Christentum und Religion Formen, die der Botschaft des Evangeliums entsprechen? Nicht Bonhoeffer hat als erster diese Frage in seiner Gefängniszeit aufgeworfen, sondern Christoph Blumhardt hat dies lange vor ihm getan und in seiner Gefolgschaft ebenso stark Hermann Kutter. Der kühne Mann von Bad Boll liebte den Begriff ›Christentum‹ nicht; er hegte auch tiefe Bedenken gegen das Wort ›Religion‹. Er zweifelte, ob es etwas mit dem Evangelium zu tun habe, glaubte, es seien damit nur religiöse Zeremonien gemeint, während die Botschaft vom Reich mit seiner Vergebung himmelhoch darüberstehe. Zwar gestand er der Religion eine gewisse Berechtigung zu, aber mit allem Vorbehalt: »Nichts ist gefährlicher für den Fortschritt des Reiches Gottes, als eine Religion, denn eben damit werden wir wieder heidnisch. Wenn auch ein paar richtige Ideen darin stecken, so ist doch das Prinzip falsch, denn wir wollen nicht in einer abgerundeten Religion uns befriedigt fühlen.«[14] Dabei dachte er keineswegs an eine grundsätzliche Negation. Seine Ablehnung von Christentum und Religion geschah aus dem Erleben Gottes heraus. Tatsächlich lehnen viele Worte in der Bibel die übliche Religionsausübung ab: Äußerungen der Propheten gegen den Opferkult, Jesu Worte gegen die Pharisäer[15], Stephanus' Ausführung, »der Höchste wohnt nicht in Tempeln von Menschenkindern«[16]. Die Schwierigkeit besteht darin, daß das Volk immer an greifbaren Religionsvorstellungen hängen wird und der Unterschied zwischen Evangelium und Christentum über sein Verständnis hinausgeht. Es wäre an der Zeit, das von der offiziellen Seite zugedeckte Problem aufzunehmen und zu erörtern.

Wie ernsthaft Christoph Blumhardt die beiden Größen Christentum und Religion in Frage stellte, ist auch aus seinem aufschlußreichen Briefwechsel mit Richard Wilhelm zu ersehen. Leider sind die Briefe des Adressaten verlorengegangen. Der junge Richard Wilhelm war eine Zeitlang Vikar im Dorf Boll und heiratete Blumhardts Tochter Salome. Er war eine überlegene Persönlichkeit und verband, nach dem Urteil seines Schülers Walter F. Otto, die »männliche Geistigkeit mit weiblicher Erdennähe und frauenhafter Anmut auf die liebenswerteste Weise«[17]. In den Briefen Blumhardts an seinen inzwischen in China als Missionar tätigen Schwiegersohn stehen scharfe Worte über die Mission. Er schrieb über die Chinesen, »daß Du sie im Namen Gottes zu Gott rechnest, ehe sie Gott erkennen, nur weil sie kommen. Die äußere Form der Taufe wird Nebensache bleiben.«[18] Nach Christoph Blumhardt »kommen die Heiden in das Reich Gottes, ohne Christen zu werden. Sie werden zu Christus kommen, aber nicht zu den Christen und ihren unseligen Kirchen.«[19] Er hat schon damals, als einer der ersten, die schädliche Verbindung der Mission mit den nationalen, europäischen Interessen durchschaut und hat auf »die Unbeholfenheit, Engbrüstigkeit, Unfreiheit und Unfähigkeit« der Europäer hingewiesen, den »großen Christuszug« zu erkennen.[20] Er empfahl Richard Wilhelm: »Wir wollen weder die Heiden ewig im Heidentum, noch die Christen ewig im Christentum sehen, sondern wir suchen ein Neues, ein Leben in Gott durch den Geist Christi.«[21] Christoph Blumhardt verkannte nicht den mutigen Idealismus vieler Missionare, aber er sah die Krise der christlichen Mission voraus. Sie ist gegenwärtig überall sichtbar und wird nun durch das Schlagwort einer säkularisierten Entwicklungshilfe verdeckt. Der prächtige Richard Wilhelm taufte nach Blumhardts Anweisung[22] keinen einzigen Chinesen, übersetzte dafür aber die chinesischen Religionsphilosophen ins Deutsche. Mit dieser verdienstvollen Arbeit schuf er die Voraussetzung für die notwendige Begegnung zwischen den Religionen, die jedoch wegen der politischen Wirren nie entfaltet wurde. Die philologischen Einwände gegen Wilhelms Übersetzungen übersehen den großartigen christlichen Humanismus dieses Mannes.[23]

Auch Richard Wilhelm hatte sich Gedanken gemacht über seinen Schwiegervater. Schon als junger Vikar spürte er, daß »hinter Blumhardt doch etwas anderes stecke, als bloße gesunde Ansichten über das Leben: nämlich eine gewisse heiligende und reinigende Kraft des Gebets gewissen Krankheiten und Dämonen gegenüber... In Blumhardt ist endlich einmal ein Mensch in mein Leben getreten, in dem Gottes Kraft wirksam geworden ist.«[24] Viel später fand er über den verstorbenen Blumhardt Worte, die zu dem Besten gehören, was über diesen Mann überhaupt gesagt wurde: »Es gab in Süddeutschland um die Jahrhundertwende einen Mann, der in der Öffentlichkeit wenig bekannt, vielmehr den reinsten Typus des biblischen Propheten im modernen Gewand darstellt, der sich denken läßt... Blumhardt war wohl einer der freiesten Menschen, die in unseren Tagen gelebt haben... Seine Erkenntnisse enthüllten sich ihm in unmittelbarem Schauen. Er war in der jenseitigen Welt ebenso zu Hause wie in der diesseitigen... Er hielt sich verborgen; er war zwar für jeden zu haben, der ihn brauchte und suchte, aber er verschmähte alles Machen und Hervortreten der eigenen Person. Er wollte Werkzeug sein, nichts mehr... Der jüngere Blumhardt, in dem der prophetische Geist noch stärker war (als im Vater), weshalb neben der priesterlichen Tätigkeit, die unvermindert fortging, die Kritik an dem erstarrten Kirchenwesen eine bedeutende

Rolle spielte, wurde in allen Formen seines Amtes entsetzt. Es gab keinen jener ›Fälle‹, wie sie damals an der Zeit waren, denn er verschmähte jeden Widerstand, weil er fest in Bad Boll saß und von ganz Europa her Zulauf hatte; aber die Selbstverurteilung der protestantischen Kirche war mit ihrer Stellungnahme zu dieser und ähnlich wahrhaft priesterlichen Erscheinungen zur Tatsache geworden.«[25]

Der Mann in Bad Boll kritisierte nicht um der Kritik willen: Er lehnte sich auf gegen die toten Einrichtungen und suchte nach einer neuen Lebensform, die er auch erreichte, wenngleich sie sich immer wieder wandelte, je nach Zeit und Einstellung. Damit meinte er nicht, »Äpfel essen statt Braten, und Milch trinken statt Wein«, wie es die damaligen Lebensreformer forderten; Blumhardt nannte dies »Spielereien«[26] und war ganz anderer Meinung: »Wer glaubt, durch eine Veränderung äußerlicher Gesetze werde das Reich Gottes es leichter haben, täuscht sich.«[27] Er forderte eine »neue Vernunft« für das Gottesreich. Deswegen hatte seine Lebensführung nichts Gekünsteltes an sich, sondern war von einer geradezu heiligen Natürlichkeit. Der heutige Mensch lebt oft von Surrogaten, ist entweder verkrampft oder hemmungslos, nur nie er selber. Eine großartige Offenheit kam über Christoph Blumhardt, ohne daß er dabei in eine unkritische Kurseligkeit verfallen wäre. Man spürte das schon an seinem Äußeren. Nichts mehr erinnerte an einen biederen schwäbischen Landpfarrer im schwarzen Gewand; er erweckte den Eindruck eines Landedelmannes, war gewandt und verriet in Blick und Sprache eine geradezu aristokratische Persönlichkeit. Seine Freunde bemerkten »die fürstliche Art seines Schreitens«[28]. Er bewegte sich überlegen in Kirchen und Theatern, in einfachen Häusern und vornehmen Hotels, ohne sich je etwas zu vergeben. Aufgeschlossen wie er war, überwand er jede Voreingenommenheit. Wer alles Lachen und alle Heiterkeit ablehnt, hört nicht auf die Stimme Gottes. Christoph Blumhardt fragte: »Kann nicht ein Theater oder Tanzboden göttlich sein? Warum sollen wir nicht einmal göttlich tanzen und etwas göttlich darstellen?«[29] Gewiß haben die Zuhörer darob verwundert dreingeschaut, aber dies irritierte ihn nicht im geringsten; er ließ seine ungewöhnliche Aussage ruhig im Raume stehen, und dies war sehr gut. Was er gesagt hatte, hat er nur einmal gesagt und hat es nicht wiederholt. Der Tanz hat nicht nur seine erotische Berechtigung, sondern er hat auch einen religiösen Bezug, denkt man an Davids Tanz vor der Bundeslade. Die Gestaltung des »göttlichen« Tanzes ist zwar äußerst schwierig, wirkt er doch nur zu leicht lächerlich. Das wußte Blumhardt, und deswegen blieb es bei dieser einmaligen Äußerung. Seiner wohlüberlegten Weltlichkeit lag jede Reglementierung fern. Seine Lebenshaltung läßt sich am besten mit einem sibyllinischen Wort Hamanns umschreiben, des Mannes, der ebenfalls die überlieferten Formen aus einem lebendigen Glauben heraus sprengte: »Alles ist göttlich und alles ist menschlich.«

In Bad Boll, wo sich viele Gäste aus dem Adel und dem gehobenen Bürgertum aufhielten, herrschte ein toleranter, freier Lebensstil, gerade weil an diesem Ort der

Taten Gottes immer auch einige seelisch und körperlich leidende Menschen waren. Christoph Blumhardt legte Gewicht darauf, unter Kranken zu wohnen: »Zu mir kommen keine Lustigen und keine Frohen, zu mir kommt alles Elend – wir sind eine Elendsstätte.«[30] Es strömten auch geistig hungernde Menschen zu ihm. »Wieviel könnte ich euch erzählen von meinen Bemühungen, wenn ich mich um das Elend der Menschen angenommen habe, wie hundertmal bin ich getäuscht und betrogen worden. Wie oft gellte es mir in den Ohren: Du bist ein Narr! halte dich doch zu den Gebildeten, halte dich zu den Guten, zu den Gerechten, zu denen, die auf der Höhe sind; auf die kann man sich doch verlassen, – aber nein! das sind Satansstimmen, das sind Teufelsstimmen, nein, sage ich, hunderttausendmal nein! Ich will bis zu meinem letzten Atemzug für die Sünder, für die Elenden, für die Verstoßenen kämpfen, und meine größte Freude wäre mir, wenn ich alles, was hoch ist, könnte aufklären über diese Fäulnis, die in der Höhe liegt. Ich möchte es auch in mein Haus alle Tage hineinschreien: Haltet euch zu den Niedrigen! Und wenn wir oft wie eine vornehme Gesellschaft aussehen – schämet euch, daß ihr so vornehm seid! Wollte Gott, wir Vornehmen müßten alle in die Ecken hinein und es würde voll Lumpen hier sitzen, – wir wären tausendmal glücklicher in der Verkündigung *dieses Jesus*.«[31] Selbst Bad Boll sah er in der richtigen Perspektive – es bedeutete ihm nichts anderes als ein »Schneckenhaus«.[32]

Im Grunde war Christoph Blumhardt auf der Suche nach einem neuen Verhältnis der Christen zur Welt.

Das Weltverständnis war bei den Christen nie eindeutig entschieden worden. Auf der einen Seite drangen die Worte aus dem ersten Johannesbrief »Habt nicht lieb die Welt noch was in der Welt ist«[33] an die Ohren der Christen, und andererseits lasen sie wiederum die Worte im Johannesevangelium: »Also hat Gott die Welt geliebt, daß er seinen eingeborenen Sohn gab, damit alle, die an ihn glauben, nicht verloren werden, sondern das ewige Leben haben.«[34] Aus dem Gegensatz der erwähnten Worte ergab sich die zwiespältige Einstellung der Christen zur Welt und daraus eine mehr oder weniger starke Weltangst. Christoph Blumhardt hat sie grundsätzlich überwunden; bei ihm läßt sich eine deutlich wahrnehmbare Weltnähe feststellen. Er war nicht mehr auf einer inneren Flucht vor der Welt, sondern fühlte sich als Christ in die Welt hineingestellt. Da er diese Situation klar bejahte, ergab sich bei ihm aus der Weltnähe zuletzt eine unverkennbare Weltverantwortung, und damit dürfte die Haltung der Christen gegenüber der Welt neu umschrieben sein. Der Christ darf sich nicht von seinen Weltpflichten dispensieren lassen. Er hat seine Verantwortung wahrzunehmen und tapfer für sie einzustehen. Wie soll er denn sonst seiner Aufgabe, das Salz der Erde zu sein, nachkommen? Christoph Blumhardts grandiose Weltlichkeit als der Sünder Geselle gründete sich auf das unheimliche Jesuswort: »Die Zöllner und die Dirnen kommen vor euch in das Reich Gottes«[35], eine Aussage, über die bezeichnenderweise nie, oder höchst selten, in den Kirchen gepredigt wird.
Nun dürfte es möglich sein, Blumhardts inneres Antlitz

zu erkennen. Man macht sich von ihm ein falsches Bild, wenn man ihn zu den ehrwürdigen Schwabenvätern zählt. Er wird in den Blumhardt-Kalendern oder in Sammlungen seiner Worte manchmal bis zur Unkenntlichkeit verharmlost. In Blumhardt wohnte viel Göttliches – wie sollte es auch anders sein bei einem Manne, der von den Möttlinger Erlebnissen geprägt worden war. Der Sünder Geselle vertrat keine gezähmte Frömmigkeit. Gegen sie empfand er sogar eine deutliche Abneigung. Von Natur aus war er ausgeglichen und neigte nicht zum Extrem. Da er kein revolutionäres Temperament besaß, liebte er weder Tumult noch Lärm. Auch war er kein Wirrkopf und erstrebte demzufolge weder das Chaos noch das Vakuum. Gegen seinen Willen wurde er zum Kämpfer gegen tote Formen, die gewöhnlich das Leben ersticken. Keinen Augenblick verlor er den inneren Kompaß, dessen Nadel unverwandt auf Christus zeigte. Trotzdem wurde er in religiöser Hinsicht zum Ketzer! Das Wort mag im ersten Moment für kirchlich befangene Menschen erschreckend wirken. Seit Gottfried Arnolds großartigem Werk »Unparteiische Kirchen- und Ketzer-Historie«, in dem er in einer ebenso kühnen wie schwungvollen Intention die übliche Betrachtungsweise radikal umdrehte, haben wir die Angst vor dem Wort ›Ketzer‹ gründlich verloren. Gottfried Arnold hat doch deutlich gezeigt, daß die verschrienen Ketzer oft die tiefsten Christen waren, während die siegreichen Kirchenmänner in ihrem Machtbewußtsein manchmal gar kein religiöses Leben führten. Diese Umdrehung ist wie keine andere auf Christoph Blumhardt anzuwenden. Er war in seinem Wesen ein Ketzer. Wer sich an diesem Wort stößt, mag auch sagen, er sei ein christlicher Rebell gewesen, was das gleiche ist. Er war kein trotziger Empörer. Die Auflehnung lag ihm zunächst gar nicht im Blut. Er wurde durch seine Erlebnisse dazu geführt; als ein von der Kirche enttäuschter Mensch ist er zu einem Rebellen wider Willen geworden. Doch huldigte er keiner unfruchtbaren Opposition; er war in seinem Kern durch und durch positiv, und seine kämpferische Seite kam mehr in seiner Verkündigung als in seiner Seelsorge zum Vorschein. In seinen Ansprachen loderte sein geistiges Rebellentum zur hellen Flamme empor.

Man sieht im Ketzer gewöhnlich eine Gefährdung der Kirche und behandelt ihn auch dementsprechend. Diese Einschätzung ist falsch. Der Rebell steht nicht einfach im Gegensatz zur Kirche. Die Frage lautet nicht: Rebell oder Kirche! Wer sich immer neu um das Verständnis der Kirchengeschichte bemüht, stellt fest, daß die Ketzer immer dann auftraten, wenn die Kirche an einem Wendepunkt angelangt oder in ihr etwas nicht in Ordnung war. Die Rebellen haben oft der katholischen und auch der evangelischen Kirche schwere Sorgen bereitet, diese aber wußten ihnen nicht zu antworten und haben sie an den Rand gedrängt, statt sie als notwendiges Korrektiv zu verstehen. Christoph Blumhardt ist dafür ein anschauliches Beispiel. Die Kirche hat den Ketzer mundtot zu machen versucht, woraus dann die Tragödie des Ketzers entstand, die man nicht ohne Ergriffenheit verfolgt. Strebt man nach einem tieferen Geschichtsverständnis, kann die Parole jedoch nicht lauten: »Kirche ohne Ketzer« und auch nicht »Ketzer ohne Kirche«. Beide Formulierungen verfallen einer Einseitigkeit, die nicht gut ist. Wir hoffen auf eine Stunde, da sich Kirche und Rebell in die Augen schauen und miteinander reden. Die Christenheit bedarf beider, Kirche und Ketzer, eins nicht ohne das andere. Christoph Blumhardt zeigt uns, wie der Rebell sein Werk tut – für die Kirche.

Da packte mich Gott am Kragen

Die deutsche Kirche war damals vorwiegend dem Bürgertum zugetan; der Arbeiterschaft schenkte sie wenig Aufmerksamkeit. Diese war auf sich selbst angewiesen. Christoph Blumhardt nahm diese Unachtsamkeit wahr, und plötzlich verstand er, warum das Proletariat der Kirche fernblieb. Er sah sich infolgedessen vor eine »schwarze Wand« gestellt, die er durchbrechen mußte, wollte er nicht steckenbleiben. Stöckers Agitation gegen die Sozialdemokratie schien ihm eindeutig falsch zu sein. Während eines Kuraufenthaltes in Bad Mergentheim begann Christoph Blumhardt sozialistische Literatur zu lesen und erfuhr dadurch eine unerwartete Belehrung. Er beschäftigte sich nie nur theoretisch mit einer Sache; es drängte ihn immer dazu, praktische Konsequenzen daraus zu ziehen.

Am 19. Juni 1899 wurde in Göppingen eine Arbeiterversammlung veranstaltet mit der Absicht, gegen die geplante Vorlage, das Streikrecht zu verbieten, zu protestieren. Christoph Blumhardt entschloß sich, daran teilzunehmen, was allein schon eine unkonventionelle Tat war. Er hörte sich die Reden an, meldete sich spontan zu Wort und sprach sich vor den aufgebrachten Arbeitern unzweideutig gegen die Vorlage aus, indem er sie »ein Verbrechen an der Gerechtigkeit« nannte.[1] Damit hatte er sich offen zur verschrienen Arbeiterschaft bekannt.

Wie sich die Vorgänge damals abgespielt haben, berichtet Anna von Sprewitz: »Im Herbst 1899 forderte mich Blumhardt auf, ihn in eine kleinere Volksversammlung zu begleiten. Ich erschrak, war aber gehorsam. Wie staunte ich, als ich in die klaren, fragenden Augen dieser so verachteten Männer blickte, die an seinem Munde hingen, wenn er ihnen von Jesus und vom Reiche Gottes sprach. In einer großen Volksversammlung, wo er wiederum von seinen Hoffnungen für die Menschheit sprach, schloß er mit den Worten: ›Und ich stehe bei euch mit meinem letzten Blutstropfen.‹ Die Begeisterung, die diesen Worten folgte, werde ich nie vergessen. Es fehlte nicht viel, daß die Leute ihn auf ihre Arme genommen hätten. Da kam am nächsten Tag in einer Zeitung die verblüffende Nachricht: Blumhardt ist Sozialdemokrat. Erbleichend las Blumhardt diese Worte, das hatte er nicht gedacht; er war ja doch kein Parteimann. Aber was tun? Widerrufen konnte und wollte er nicht, was er gesagt hatte und was von seiten der feindlichen Partei ausgenutzt worden war. Er mußte alles über sich ergehen lassen. Ein großer Zorn gegen ihn entbrannte in kirchlichen und politischen Kreisen. Die Blätter konnten ihn nicht genug mit Schmähungen überhäufen. Er schwieg zu allem.«[2]

Aus diesem Augenzeugenbericht verdienen zwei Feststellungen hervorgehoben zu werden. Blumhardt las »erbleichend« diese Worte in der Zeitung, was etwas heißen will, aber er wich vor den eingefleischten Vorurteilen trotzdem nicht zurück. Er hat das politische Leben nicht gesucht, es ist einfach über ihn gekommen. Die andere Bemerkung lautet: Die fragenden Augen der

Arbeiter hingen förmlich an seinem Munde, als Blumhardt ihnen vom Reich Gottes sprach. Die Begegnung des modernen Proletariats mit dem Evangelium war ein einmaliger Augenblick in der Geschichte der Arbeiterbewegung, ein kurzes Aufleuchten nur, und dann erlosch das Licht unbegreiflicherweise wieder. Was wäre entstanden, wenn es zu einer wirklichen Verbindung zwischen der Arbeiterschaft und der Frohen Botschaft gekommen wäre?

Jedenfalls hatte der kühne Schritt unerwartete Folgen für Christoph Blumhardt. Er warf große Wellen, ja, ein Sturm der Entrüstung entstand und hat die Anhänger Blumhardts in zwei Parteien gespalten. Blumhardts Besuch der Arbeiterversammlung war niemals nur ein bloßer »Schwabenstreich«, wie eine Basler Zeitung verständnislos höhnte. Dermaßen oberflächlich urteilte die Tagespresse, die sich selten um ein tieferes Verständnis bemüht.

Viele Besucher von Bad Boll verstanden Blumhardts Schritt schlechterdings nicht. Zwar versuchte er ihnen in einem gewichtigen »Antwortschreiben von Christoph Blumhardt an seine Freunde« sein Tun zu erklären: »Wie die Geißel, welche Jesus schwingt im Tempel zu Jerusalem, so wird auch noch eine Geißel kommen über das ganze ungerechte Wesen der Menschen, ›ein Tag, der brennen soll wie ein Ofen‹, wie der Prophet Maleachi sagt. Und wenn das Gericht im Hause Gottes anfängt, so will ich mich freuen. Die sozialistische Bewegung aber ist wie ein Feuerzeichen am Himmel, welches Gericht ankündigt.«[3] Zahlreiche Leser waren nicht willens, das Signal zu verstehen. Befangen wie sie waren, glaubten sie, Blumhardt sei zu den Gottlosen übergelaufen, und begriffen das ganze Geschehen nicht. Sie fragten nicht einmal nach seinen Motiven, sondern jammerten nur über seinen Abfall. Sie besuchten fortan Bad Boll nicht mehr, und das Kurhaus erlitt dadurch eine empfindliche finanzielle Einbuße, was Christoph Blumhardt ruhig in Kauf nahm. »Die Gesellschaft hat mich geächtet«[4], charakterisiert Blumhardt selbst seine Situation. Was es heißt, ein Verfemter zu sein, bekam er in der ganzen Bitterkeit zu spüren. Seinen Eintritt in die Sozialdemokratie haben ihm die Frommen bis zum heutigen Tage nicht verziehen, weil sie nicht über ihren eigenen Schatten zu springen imstande sind.

Die kurzschlüssige Ablehnung ist nur aus jener Zeit verständlich, doch kann sich die Nachwelt unmöglich mit diesem beschränkten Verhalten zufriedengeben. Blumhardts Eintreten für den Sozialismus muß man neu und vor allem von seinem Standort aus in der damaligen Situation beurteilen. Zu jener Zeit war das bloße Wort ›Sozialismus‹ ein furchtbares Schreckgespenst, im Unterschied zu heute, wo es oft Ausgangspunkt für eine gute Karriere ist. Zudem darf man Blumhardts Hinwendung zur Arbeiterschaft nicht isoliert betrachten, denn sie gehörte zu seiner geistigen Entwicklung. Zu dem Linkstrend so vieler junger Theologen von heute, die als bloße Mitläufer einer Modeströmung folgen, gibt Blumhardts Tun keine Parallele, denn er ist darob einsam geworden und hat etliches Ungemach ertragen.

Ganz gewiß erfolgte diese Wendung nicht aus einer

momentanen Laune. Blumhardt handelte auch hier auf höheren Befehl: »Da auf einmal packte mich Gott fest am Kragen und warf mich mit aller Gewalt – und ohne daß ich mich aus seiner Hand losmachen konnte – an die Türe der Sozialdemokratie.«[5] Man wird ihm nur gerecht, wenn man das Elementare dieser Aussage beachtet. Er fühlte sich unsanft am Nacken ergriffen und kam sich fortan als ein Geworfener vor. Alles Sträuben half ihm nichts; die Gewalt Gottes war mächtiger. Christoph Blumhardt gestand: »Ich tat, was ich tun mußte, von mir aus tat ich es nicht.«[6] Er gehorchte der Stimme Gottes, weil sein Gewissen ihn dazu drängte. Was Blumhardt unternommen hatte, war eine Tat, sogar eine Großtat, die des Mutes und der Unerschrockenheit bedurfte. Ein Gewissensentscheid ist immer zu respektieren, mag man ihm nun zustimmen oder auch nicht.

Christoph Blumhardt empfand stets eine Abneigung gegen jenes satte Bürgertum, das auf einen guten Tisch Wert legte und die Menschen lediglich nach ihrem Erfolg oder Besitz bewertete. Wie wenige hat er die Bourgeoisie durchschaut und hat sich von ihrem äußeren Glanz nicht blenden lassen. »Ich gehe aus eurer tugendhaften Gesellschaft heraus«[7], erklärte er und fand, sie sei, näher betrachtet, gar nicht so anständig, wie sie sich den Anschein gebe. Hinter den Kulissen herrsche eine doppelte Moral.[8] Hat man einmal Christoph Blumhardt als der Sünder Geselle erkannt, ist man von seinem Entschluß nicht mehr überrascht. Er paßt in sein Bild. Der Mann in Bad Boll hat hierin nur konsequent gehandelt. Zwar war die Ablehnung eines sich selbst genügsamen Bürgertums allein nicht das entscheidende Motiv. Das wäre ein negatives Argument, und ein solches gab es bei ihm nie. Auch ist zu beachten – was damals niemand tat –, daß Christoph Blumhardt nicht die Faust gegen das kapitalistische System erhob. Mit keinem Wort verfluchte er die sogenannte gute Gesellschaft, und es findet sich bei ihm auch keine Polemik gegen die bürgerlichen Parteien. Blumhardt stieß zum verachteten Proletariat nicht aus einem politischen Kalkül, sondern aus christlicher Liebe zu den Erniedrigten und Benachteiligten. Immer war es sein Anliegen, an der Seite der Schwachen und in Not befindlichen Menschen zu stehen. Er hat die Arbeiter nicht idealisiert, wußte um ihren oft rüden Ton, blieb auch in Kleidung und Auftreten stets der Herr und Kurhausbesitzer und wurde nie im üblichen Sinne ein Genosse. Christoph Blumhardt war ein überzeugter Sozialist, war aber nie Marxist und konnte es auch nicht sein, denn Marx' Haß gegen alles Religiöse war mit Blumhardts Gottesliebe unvereinbar. Er las das »Kommunistische Manifest« und war von dessen Schwung angetan. Im ersten Eifer sagte er: »Marx war ein Prophet«[9], was gewiß nicht zutrifft. Über die Unterscheidung zwischen Sozialismus und Marxismus war sich zu jener Zeit die deutsche Sozialdemokratie nicht klar; die Zeit war für diese Einsicht noch nicht reif. Christoph Blumhardts »Platz« war nun einmal an der Seite des armen Volkes; er war überzeugt, das Reich Gottes komme nun auf die Gasse. Er ließ sich von der Arbeiterschaft auch in den württembergischen Landtag wählen, wo er bald zur führenden Gestalt der kleinen

Fraktion wurde. Der Eidesleistung vor dem König blieb Blumhardt fern. Er trat im Parlament für die Fabrikarbeiterinnen ein, forderte die Simultanschule, wandte sich gegen die Lebensmittelzölle usw. Im Landtag hat er zuerst eifrig mitgearbeitet, empfand aber bald diese Tätigkeit als wenig fruchtbar. Als stummer Zuhörer nahm er auch an den großen Parteitagungen in Deutschland teil.[10] Christoph Blumhardt hielt damals viele Reden in den württembergischen Dörfern und sprach über das Thema »Unser politischer Beruf«, obschon er sich damit auf fragwürdiges Terrain begab. Jeremias Gotthelf war hierin besser beraten, als er sich heftig gegen »die Verpolitisierung des Lebens« wandte. Im ersten Eifer bedachte Blumhardt zuwenig, daß seinem Gang zum Proletariat doch evangeliumsgemäße Überlegungen zugrunde lagen. Mit Politik hatte sein Schritt zur Arbeiterschaft nur indirekt etwas zu tun, mit dem christlichen Bekennen dagegen sehr viel. Er befand sich in Opposition zu dem Bestehenden, vertrat einen Sozialismus sui generis, wollte dem Seufzen der Armen einen Mund geben, und dabei wandte er sich eindeutig gegen den Klassenkampf und gegen die Gewaltanwendung.

Christoph Blumhardts Schritt zum Sozialismus, so klar er in seiner Begründung ist, wurde selten in seiner tieferen Bedeutung erfaßt. Man darf in ihm nicht nur eine »Gastrolle« sehen, wie schon von frommer Seite beschwichtigend gesagt wurde, weil er nie Rollen spielte, sondern immer mit seiner Person bezahlte, wie der Franzose zu sagen pflegt. Sein Bekenntnis zum Sozialismus war eine Symbolhandlung, die als solche über sich hinausweist. Sie ist mit der Tat Jeremias zu vergleichen, als er auf dem Tempelplatz in Jerusalem mit dem hölzernen Joch auf dem Nacken erschien und darob mit Hananja in Streit geriet.[11] Wie die Juden damals Jeremia den Glauben verweigerten und darob ein eisernes Joch zu spüren bekamen, so dachten die Christen auch nicht über die Motive von Blumhardts Symbolhandlung nach, und deswegen bekamen sie in den beiden Weltkriegen ein noch viel härteres Schicksal auferlegt. Man hat von einer Symbolhandlung groß zu denken und darf sie niemals nachäffen, weil alle Imitation ihr Abbruch tut. Sie ist immer ein einmaliger Akt, der nicht wiederholbar ist. Doch sollte sie uns veranlassen, lange und ernsthaft nachzudenken, welche Taten von der heutigen Christenheit gefordert sind und vollbracht werden müssen, wenn sie ihrem Auftrag nachkommen will. Christoph Blumhardts Symbolhandlung sagt eindeutig: Kümmert euch um die Schwachen der Gesellschaft, überlaßt sie nicht einfach ihrer Not, helft ihnen zu einem menschenwürdigen Dasein. Wenn ihr das nicht tut, ladet ihr Schuld auf euch.

Anstatt Blumhardts Symbolhandlung am christlichen Maßstab zu messen, richtete das Konsistorium ein Schreiben an ihn, auf Rang und Titel eines Pfarrers zu verzichten, ohne mit ihm über seinen Schritt auch nur zu reden. Eine Gesprächsbereitschaft seitens der geistlichen Behörde wäre doch die allermindeste Pflicht der Brüderlichkeit gewesen. Mit ihrem Entschluß verriet die kirchliche Leitung ihre Befangenheit, mit der sie in einer verbürgerlichten Kirche verharrte. Die moralische Verurteilung Blumhardts durch die damalige Kirche zeigt, wie deren Augen durch die bürokratische Verwaltungsmentalität gehalten waren. Christoph Blumhardt ließ es auf keinen Kampf ankommen – schon sein Vater hatte dies nicht getan. Gewisse Leute haben deswegen Christoph Blumhardt für einen »toten Mann« erklärt, der nicht einmal den Mut aufbringe, dem übelberatenen Konsistorium öffentlich entgegenzutreten.[12] Es gab keinen der berüchtigten »Fälle«, wie sie zu jener Zeit zuweilen in der Kirche vorkamen, die für Ankläger und Angeklagte gleicherweise peinlich waren. Christoph Blumhardt erklärte überlegen dem Dekan, der ihm das Schreiben des Konsistoriums überbrachte, daß er im Frieden aus dem Kirchendienst scheide, daß er auch ohne Pfarrertitel seine Tätigkeit ausüben könne. Nachdem er mit souveräner Gebärde über diese Angelegenheit hinweggegangen ist, können auch wir dieses Kapitel ohne weiteren Kommentar abschließen. Viel später gab Bischof Wurm offen zu, daß die Kirche »Christoph Blumhardt allein gelassen habe«[13] und auch er selbst stets an Bad Boll vorbeigefahren sei. Geistig gesehen, ist er auch nachher noch an Blumhardt vorbeigefahren, als er ihn mit dem antisemitisch gesinnten Stöcker zusammenstellte, was einer fatalen Verkennung gleichkam. Der nachfolgende Bischof Class bekannte in einem bewegten Vortrag, daß »die Kirche am jungen Blumhardt schuldig geworden ist«[14].

Kritisch betrachtet, hat Christoph Blumhardt in seinem sozialistischen Engagement die verhängnisvolle Bedeutung des Atheismus im marxistischen Denken unterschätzt. Dostojewski sah sogar im Atheismus das

Wesen des Sozialismus, und der Versuch, das Christentum in Sowjetrußland brutal auszurotten, hat ihm recht gegeben. Eine Verständigung zwischen Christentum und Marxismus ist nicht möglich.

Nach einiger Zeit der politischen Arbeit schrieb Christoph Blumhardt: »Ich bin sehr ernüchtert«[15] und gestand: »Solange ich mich noch auf den menschlich revolutionären Standpunkt stellte und von da aus Gottes Gerechtigkeit erhoffte und predigte, lief immer eine gewisse Finsternis neben mir her.«[16] Dieses viel zuwenig beachtete, aufschlußreiche Geständnis offenbart seinen inneren Zwiespalt. Seine schwierige Lage bestand darin, daß er sich auf die Seite der Arbeiterschaft stellte und mit deren Führern doch nicht übereinstimmte. Als Christ konnte er nicht für den Klassenkampf eintreten, der aus dem Zorn geboren ist und in der Barbarei endigt. Christoph Blumhardt wurde auch kritisch gegenüber seiner Partei: »Die deutsche Sozialdemokratie bietet augenblicklich kein erfreuliches Bild. Es fehlt die Liebe zum Feind. Einer soll immer wie die Partei denken und sprechen. Man ist ganz so wie in der Kirche.«[17] Diese Einsicht zu unterschlagen, verstößt gegen Blumhardts wahrheitsliebendes Wesen. Tatsächlich haben sich die Parteien zu neuen »Kirchen« entwickelt und verfolgen nur ihre eigenen Interessen. Es geht ihnen um Macht, die sie mit einer Ideologie umgeben, und in letzter Linie gehören sie zu den modernen Götzen. Keine Partei erreicht ihr Ziel. Christoph Blumhardt ertrug die Phrasendrescherei nur schwer und schrieb schließlich: »Auch auf sozialdemokratischem Boden herrscht der Fürst dieser Welt.«[18] Er stieß sich am geistig niedrigen Niveau der sozialistischen Parteiführer und war nicht gewillt, sich ihren Beschlüssen zu unterwerfen. Mehr und mehr wurde ihm der Unterschied zwischen der Sozialdemokratie und seinem Anliegen bewußt. »Die vollständige Demokratisierung bedeutet das Ende der Kultur«, sagte Blumhardt[19], eine Äußerung, die die Verschiedenheit beider Denkweisen belegt.

Nach einiger Zeit nahm Blumhardt wieder einen überparteilichen Standpunkt ein. »Ich wenigstens habe ein ebenso scharfes ›Nein‹ im Herzen gegen diese Art von sozialem Wirken, wie ich ein ›Nein‹ gegen die bürgerlichen Umtreibereien habe.«[20] Er fand zu seiner geistigen Unabhängigkeit zurück und erklärte eindeutig, daß es »Menschen geben müsse, welche ungekränkt und unverbittert nach rechts und nach links, nach oben und nach unten, um eine höhere Hilfe wissen und daran festhalten«[21]. Er trat von der sozialistischen Bewegung zurück in Treue und nicht in Untreue, weil es nach ihm auch Sozialisten geben muß, die den groben Revolutionismus nicht mitmachen. Nach Ablauf der Legislaturperiode stellte er sein Amt im Landtag der Partei wieder zur Verfügung und zog sich, teils resigniert, teils aus gesundheitlichen Gründen, aus aller parteipolitischen Tätigkeit zurück. »Die Sozialdemokraten hoffen, daß durch die Bildung der Menschen die richtige Ordnung kommt. Und ich hoffe, daß sie durch Gottes Geist kommt. Das ist der Unterschied zwischen uns.«[22] Eine tiefere Wirkung auf die Sozialdemokratie selbst hatte Blumhardt nicht, sowenig wie später die Pfarrer, die sich ihr zur Verfügung stellten. Die sozialdemokrati-

schen Vertreter bezeugten an seinem Grab, er sei mit
seinen Bestrebungen weit über ihnen gestanden. Wie
Christoph Blumhardt während dieser ganzen Phase
dachte und handelte, ist heute aus seinem ausführlichen
Briefwechsel mit Howard Eugster besonders anschaulich zu ersehen.[23] Blumhardts Zugehörigkeit zur sozial-
demokratischen Partei war eine gewiß bedeutsame
Phase in seinem Leben, aber doch nur eine Phase, die
nicht von entfernt den ganzen Menschen umfaßt. Man
darf die vorangehende und die nachfolgende Zeit nicht
übersehen. Christoph Blumhardt hat sich für den Sozialismus begeistert und war hernach eher enttäuscht.
Sein Rückzug aus der sozialistischen Politik muß
ebenso betont werden wie sein Gang ins Proletariat. Er
wird von den sozialistisch gesinnten Pfarrern gewöhnlich verschwiegen, und damit verfehlen sie die historische Wahrheit. Nicht reaktionäre Gesinnung, wohl
aber intellektuelle Redlichkeit fordert, das Urteil über
Blumhardt als Vater des »prophetischen Sozialismus«
abzulehnen.[24] Blumhardts Enttäuschung in dieser
Beziehung muß doch nachhaltiger bedacht werden. Es
war ein holder Wunschtraum, im Sozialismus das Tor
zu einer neuen Welt zu sehen. Sowohl in seiner sozial-
demokratischen als auch in seiner kommunistischen
Verwirklichung hat der Sozialismus die Erwartungen in
keiner Weise erfüllt. Trotz Blumhardts innerer und
äußerer Distanzierung von der politischen Bewegung
redete er nie einer Rückkehr zu einer bürgerlichen
Auffassung das Wort; er blieb den Schwachen und
Unterdrückten stets treu verbunden. Natürlich sind mit
seinem Weg in die Stille die schweren gesellschaftlichen

Probleme nicht gelöst. Sie bestehen unverändert in aller Härte weiter und bleiben ohne endgültige Antwort. Es sind nur immer neue Lösungsversuche möglich, die stets auf ihre Tauglichkeit zu überprüfen sind. Jedenfalls kommen blinde Kulturseligkeit oder ängstliche Kulturflucht nicht in Frage. Christoph Blumhardts Erfahrungen mit den sozialistischen Führern entlocken uns den Ausruf: Der Himmel bewahre uns auch vor den politischen Bonzen und ebenso vor den theologischen Zionswächtern!

Wenn auch Blumhardts Eintreten für die Arbeiterschaft in Deutschland überwiegend abgelehnt wurde, fiel in der benachbarten Schweiz, die schon früh Beziehungen zu Bad Boll unterhielt, sein sozialer Same nicht auf steinigen Boden.[25] In diesem Land gab es einige junge Theologen mit hellem Ohr für Blumhardts außergewöhnliches Tun.

Hermann Kutter besuchte während seines ersten Pfarramtes Bad Boll und empfing dabei ungeheure Eindrücke, die sein ganzes Wesen in Aufruhr brachten. Nach mehrfachen Besuchen bezeichnete Kutter den dortigen Geist als »seine zweite Heimat«[26]. Blumhardt brachte ihn auch vom Plan ab, die wissenschaftliche Laufbahn einzuschlagen, weil er ein »Mann des Zeugnisses« sein müsse. Kutter war ein philosophischer Kopf, voll Kampfesmut, geistvollen Gedanken und Humor, und ganz gewiß der genialste Begleiter Blumhardts. Zwar kam es zu Spannungen zwischen den beiden Männern, aber sie waren äußerlicher Art. Kutter stieß sich an dem Heer von Frauen, »die strickend und häkelnd an Blumhardts Lippen hingen«[27]. Es war ihm unmöglich, sich mit dieser Art von Blumhardt-Verehrung zu befreunden. Umgekehrt war Blumhardt von Kutters Buch »Das Unmittelbare« (1902) befremdet, welches das neue Gedankengut philosophisch unterbaute. Noch mehr schüttelte Blumhardt über die stürmische Schrift Kutters »Sie müssen« (1904) den Kopf, die er eine »Agitationsschrift« nannte. Dabei verkannte er deren Analogie-Argumentation: Wie in der Arbeiterschaft ein Aufbruch stattfinde, so solle ein noch viel größeres Erwachen durch die Christenheit gehen. Auch besaß Kutter ein schriftstellerisches Talent, das Blumhardt abging. Die Auseinandersetzungen zwischen Blumhardt und Kutter schafften eine Verstimmung, die der Größe der beiden Männer nicht entsprach. Nach diesem Gespräch ging Kutter nicht mehr nach Bad Boll. Doch erzählte mir Kutter in seinem Alter freimütig, er lese noch immer am liebsten Blumhardt, was er in seinem Buch »Not und Gewißheit« mehrfach bezeugte.[28] Auch Hermann Kutter war ein von Gott in Atem gehaltener Mann und dazu eine vulkanische Natur; jedenfalls sang er Blumhardts neues Lied in anderer, doch nicht minder intensiver Tonart. Nach der Veröffentlichung von Kutters Briefen (1983), die erst den ganzen Reichtum dieser singulären Persönlichkeit offenbaren, drängt sich eine umfassende Darstellung Kutters auf. Sie darf nicht länger fehlen. Es ist eine Verkennung, wenn man Kutters »Theologie« arrogant mit den Worten »Phantasiekostüm« abtun will.[29] Nach ihm ist »alle Theologie ein Reden über Gott mit schlechtem Gewissen«,[30] und deswegen beschuldigte er auch die dialektische Theologie des Verrates an seiner

Bemühung, existentiell vom lebendigen Gott zu reden. Heute dürfte es klar sein, daß Blumhardt und Kutter zusammengehören: Das verwandte Gespann strebte dem gleichen Ziel entgegen.

Einige Zeit später begab sich auch L. Ragaz nach Bad Boll. Als Redakteur der »Neuen Wege« nahm er bald eine führende Stellung in der religiös-sozialen Bewegung ein. Doch entsprach diese Zeitschrift nicht Blumhardts Sinn, da sie von den Menschen erwartete, was nach Blumhardt nur von Gott kommen kann. Ragaz war nach Blumhardts Meinung in Gefahr, beständig Christentum und Sozialismus einander gleichzusetzen, weswegen Blumhardt betonte: »Ich bin anders als die ›Neuen Wege‹.«[31] Der von einer puritanischen Strenge erfüllte Ragaz war an Prinzipien gebunden und hielt an ihnen zeitlebens fest, sei es nun aus Treue oder aus Unbeweglichkeit. Damit stand er dem freien und weltoffenen Blumhardt fremd gegenüber. Doch schrieb Ragaz ein Buch »Der Kampf um das Reich Gottes in Blumhardt, Vater, Sohn und weiter« (1922), wobei er unter dem Wort ›weiter‹ sich selbst meinte. Das Buch enthält einige berechtigte Warnungen, die nicht überhört werden sollten: »Wir dürfen über dem milden, friedevollen, zurückhaltenden Greis nicht den stürmischen, leidenschaftlichen, brausenden, revolutionären und radikalen Mann vergessen ... Es könnte daher der Sache Blumhardts nichts Schlimmeres geschehen, als in die Hände der Theologen zu fallen.«[32] Noch bedeutsamer als diese Mahnung ist die Begebenheit, die L. Ragaz bei seiner persönlichen Begegnung mit Christoph Blumhardt in Bad Boll widerfahren ist. Er hat sie mit schlichten Worten in seiner Autobiographie »Mein Weg« geschildert. Danach saß Ragaz mit Blumhardt zu Tische, und da »geschah auf einmal mit Blumhardt eine Verwandlung: es trat aus dem Menschen Blumhardt einen Augenblick sichtbar Christus selbst hervor. Es war nur ein Augenblick, dann war er wieder Blumhardt. War es eine Täuschung von mir? Aber Bertha Imhoff hatte das Gleiche erlebt. Und Blumhardt selbst war sich des Wunders bewußt.«[33] Dieses visionäre Erlebnis wurde dem früher liberalen Pfarrer und hernach sozialistischen Politiker zuteil.

Ragaz' Schüler, R. Lejeune, gab eine vierbändige Ausgabe der Predigten von Blumhardt heraus (1925–1937). Sie enthält nur das Material, das ihm von Schwester Anna zur Verfügung gestellt wurde. Die Einteilung in vier Phasen war eine Hilfskonstruktion von Lejeune, um den umfangreichen Stoff übersichtlicher zu ordnen. Dieses Schema verdeckt jedoch die Kontinuität von Blumhardts Verkündigung. Zur Ergänzung von Lejeunes Edition ist unbedingt die dreibändige Ausgabe von Johannes Harder beizuziehen (1978), da sie viel neues Material aus dem Nachlaß enthält. Es ist ein begrüßenswertes Werk, auch wenn es in editorischer Beziehung etwas zu wünschen übrigläßt.

Was Blumhardt über die religiös-soziale Bewegung dachte, deutete Karl Barth an. Auch er führte, von Thurneysen ermuntert, mit Blumhardt Gespräche darüber, fand ihn aber sehr zurückhaltend: »Ich vermute, er hätte auch allerlei zu sagen über die Gegensätze und Probleme, die uns jetzt bewegen. Aber er will es nicht sagen, es ist ihm nicht wichtig genug, weil ihm anderes wichtiger ist.«[34] Das gewollte Schweigen Blumhardts ist beachtenswert, sagt es doch mehr als alle Worte aus. Es ist merkwürdig, daß die religiösen Sozialisten der Schweiz sich gerne auf Blumhardt beriefen, doch nie ernsthaft über sein mildes Lächeln über ihr Tun nachdachten. Es war doch nicht bloß ironisch gemeint, sondern es hatte einen tieferen Hintergrund. Einzig Hermann Kutter verstand es, und trat nie der sozialistischen Partei bei. Er war nicht gewillt, sich von einem Parteivorstand, der nicht nach dem Evangelium fragte und außerdem die ihm ergebenen Pfarrer nur als Aushängeschilder benutzte, sozial vermarkten zu lassen. Er zog es vor, sich mit seinem ganzen Einsatz der »Revolution des Christentums« zu widmen.

Auch die dialektische Theologie stand in ihren Anfängen Blumhardt nahe. Einer ihrer Mitbegründer, Eduard Thurneysen, empfing als Jüngling in Bad Boll entscheidende Wegweisung.[35] Als ich in den ersten Augusttagen 1919 Pfarrer Thurneysen in Leutwil besuchte, stand er ganz unter dem Eindruck des wenige Tage zuvor erfolgten Todes von Christoph Blumhardt. Stundenlang erzählte er mir damals mit bewegten Worten von Blumhardt und gab mir dadurch den Anstoß, stets alles Schrifttum von und über Blumhardt zu lesen. Thurneysens Broschüre über »Christoph Blumhardt« (1926) gibt trotz guter Einsichten keinen adäquaten Eindruck, weil sie aus einer bereits sich distanzierenden Haltung geschrieben ist. Der Verfasser bringt Blumhardts Stellung mit Calvins »Institutio« in Zusammenhang, was eine unmögliche theologische Konstruktion ist.[36]

R. Bohren wirft in seiner Thurneysen-Biographie die
Frage auf, »ob die Dialektik, in die Thurneysen den
Abba von Bad Boll einspannt, die angemessene Sprach-
form sei, um ihm gerecht zu werden.«[37] Er stellt fest,
daß Thurneysen das Büchlein leider zu einem Zeit-
punkt schrieb, als er »in die stagnierende Kirchlichkeit
einschwenkte«, die Blumhardt gerade durchbrochen
hatte.[38]
Blumhardt wurde schon als Vorläufer oder als Pate der
dialektischen Theologie betrachtet, eine unstatthafte
Ansicht, gegen die er sich heftig zur Wehr gesetzt hätte.
Er wollte ausdrücklich keiner Richtung angehören.
Was vom Standpunkt der dialektischen Theologie aus
über Blumhardt zu sagen ist, hat Paul Schütz in seinem
Buch »Säkulare Religion« (1932) mit aller Schärfe
ausgesprochen. Schütz, der damals der dialektischen
Theologie nahestand, kämpfte gegen den Säkularismus
und stellte unbedenklich Blumhardt neben Schleiermacher. Er sah im Manne von Bad Boll einen pietistischen
Idealisten! Dabei stützte er sich auf jene Phase in
Blumhardts Predigten, die von der dialektischen Theologie stets als »Zeit des Irrtums innerhalb der Verkündigung Blumhardts« bewertet wurde und nicht den
ganzen Blumhardt umfaßte.[39] Sein Buch enthält eine
ungerechte, verständnislose, aber vom Aspekt der dialektischen Theologie aus gesehen konsequente Verurteilung Blumhardts. Später erkannte Paul Schütz diese
Einseitigkeit und nahm das Buch nicht in seine Gesam-
melten Werke auf. Die dialektische Theologie entfernte
sich mit ihren Restaurationsbestrebungen und aufge-
blasenem Kirchenbewußtsein unmerklich, aber stetig

von Bad Boll. Der Weg Karl Barths von Blumhardt zu der vielbändigen »Kirchlichen Dogmatik« bleibt ein Rätsel, das schwerlich befriedigend gelöst werden kann. Jedenfalls lief bei dieser Abwendung von Blumhardt etwas ganz Wesentliches schief, worüber ein prüfendes Nachdenken geboten wäre, um vom theologischen Intellektualismus wieder den Weg zu der lebendigen Quelle zu finden.

Im Vorstadium

Im ersten Jahrzehnt unseres Jahrhunderts vollzogen sich einige Veränderungen in Bad Boll. An die Stelle von Frau Blumhardt, die bis dahin beinahe lautlos das große Haus verwaltet hatte, war Schwester Anna von Sprewitz getreten. Dank ihrer Energie und ihrer Organisationsgabe rettete sie das Haus vor dem Ruin. Sie hat sich unstreitig um Christoph Blumhardt verdient gemacht. Die Bauern von Boll ärgerten sich zwar über die tüchtige Diakonisse und sagten beim Anblick der Kutsche, in der Blumhardt und Schwester Anna saßen, voll Unwillen: »Da fährt er wieder mit diesem Mönsch.« Sie verstanden Blumhardts Beziehung zu der Diakonisse nicht, zumal deren schroffes Wesen zu seiner schwäbischen Gemütsart in deutlichem Gegensatz stand. Zwischen den beiden Menschen spielte der Eros gar keine Rolle, und deswegen sagte Christoph Blumhardt, daß »die bösen Mäuler stille werden müssen«[1]. Es ist schwer verständlich, daß er hierin verdächtigt werden konnte: Schwester Anna war gebieterisch und trachtete danach, eine Sache in den Griff zu bekommen, was ihr auch völlig gelang. Als gelernte Krankenschwester umsorgte sie den an Zucker, Gicht und Malaria leidenden Blumhardt zu Hause und auf seinen Reisen, worüber sich Frau Blumhardt mit dankbaren Worten äußerte. Daß Schwester Anna der Mensch gewesen sein soll, der Blumhardt am besten verstanden habe, ist freilich eine Legende, die keinen Glauben verdient.

Nach seinem Rückzug aus der Politik unternahm Christoph Blumhardt 1905 auf den Ratschlag seines Arztes eine Reise nach Ägypten, die aber für seine Gesundheit nicht den erhofften Erfolg hatte. Im folgenden Jahr fuhr er mit Schwester Anna nach Palästina. Jerusalem bedrückte seine Seele, denn die Stadt erschien als ein Museum der Religionen, die Grabeskirche als ein Souvenirladen. Er empfand Mitleid mit den hergereisten Menschen, die an äußeren Dingen hängenblieben und sogar Steine küßten. Noch schlimmer war, daß er Malaria bekam und fiebernd durch die Straßen Jerusalems wanderte. Erst in Galiläa fühlte er sich wohler, geriet aber dort bei einem Seesturm in schwere Lebensgefahr. Beide Reisen bereicherten ihn geistig nicht. Heimgekehrt, zog sich der kranke Christoph Blumhardt in sein Haus Wieseneck in Jebenhausen bei Göppingen zurück und übergab die seelsorgerliche Betreuung von Bad Boll zuerst Pfarrer Preiswerk und hernach Pfarrer Jäckh, der es als sein Gehilfe in seinem Geiste weiterzuführen versuchte. Ganz gelang dies nicht, weil der einmalige Christoph Blumhardt nicht ersetzbar war. Daß Eugen Jäckh aus Blumhardt »einfach einen frommen Pietisten« gemacht habe, ist ein ungerechter Vorwurf, zumal dieser Mann doch dessen Vertrauen besaß. Jäckhs Schrift über »Christoph Blumhardt« (1950) ist das wertvolle Zeugnis eines Zeitgenossen.

Im Jahre 1917 erlitt Blumhardt einen ersten Schlaganfall, der ihn rechtsseitig lähmte. Vor Weihnachten 1918 traf ihn ein zweiter Schlag. Von da ab blieb er ganz in

Jebenhausen. Während er früher das Gefühl hatte, »immer sei eine Peitsche hinter ihm gewesen, und er werde erst einmal in der Ewigkeit verstehen, warum er in so vieles habe hineinmüssen«[2], wurde nun der aktive Mann gleichsam stillgelegt.

Damals kam einzig Blumhardts Buch »Haus-Andachten« heraus, von andern Leuten zusammengestellt, was er passiv geschehen ließ. Das Andachtschristentum war nie seine Sache, sagte er doch früher einmal: »Leset auch nicht so viele christliche Andachtsbücher, die einen immer dümmer machen!«[3] Seinem Andachtsbuch wurde schon eine »abgeklärte Altersfrömmigkeit« nachgerühmt, in Wirklichkeit fehlt ihm der frühere Schwung. Man gewinnt den Eindruck, Schwester Anna habe versucht, den kranken Mann sachte wieder zu der traditionellen Religiosität zurückzuführen, die sie selbst zeitlebens vertrat.

Das letzte Photo aus dem Jahre 1918 zeigt Christoph Blumhardt im Schlafrock in einem Korbstuhl sitzend, die unvermeidliche Zigarre in der Hand. Er blickt still vor sich hin, körperlich behindert, aber geistig klar. Keineswegs stimmt das Photo traurig, sondern es wird eher deutlich sichtbar, was Blumhardt immer gedacht hat: »Ich halte mich für ein Vorstadium.«[4] Nach dieser scheinbar nebensächlichen, in Wirklichkeit aber bedeutsamen Aussage darf er unter keinen Umständen als ein Endresultat oder als eine Erfüllung bewertet werden. Er stellte lebenswichtige Fragen an die Christenheit, war ein ungeheuer starker Impuls und ein wahrer Aufbruch. Nur so verstanden, bleibt er fruchtbar. Im wörtlichen Sinn befand er sich damals im

Vorzimmer des Todes. Seine Formulierung vom »Vorstadium« darf auf sein ganzes Dasein angewendet werden, gemäß den johanneischen Worten: »Es ist aber noch nicht offenbar geworden, was wir sein werden.«[5] Die Überlegung ist nicht unwichtig, was Blumhardt alles gedacht haben mag in den vielen Monaten, da er, zur Untätigkeit verurteilt, still in seinem Korbstuhl saß. Dieses Problem wurde kaum je aufgeworfen, und doch muß es erwogen werden.

In seinen Mannesjahren beschäftigte ihn leidenschaftlich die Auseinandersetzung mit seiner Zeit. Damit nahm er eine der allerschwersten Aufgaben in Angriff. Geht man dem Zeitproblem konsequent aus dem Weg, indem man von einer neuen Zeit gar nichts wissen will und sich einfach auf sich selber zurückzieht, weicht man einer schweren Frage aus und begeht den Bequemlichkeitsfehler. Geht man auf die heraufsteigende Zeit mit ihren neuen Anschauungen ein, setzt man sich der Gefahr aus, von der Moderne überrollt und zu ihrem Knecht zu werden. An Christoph Blumhardt traten beide Versuchungen heran: Er hat mit der Neuzeit gerungen und ist sich bei aller Öffnung doch treu geblieben.

Um die Jahrhundertwende führten neue Erfindungen zu einer vermehrten Industrialisierung, was eine Gärung in der Arbeiterschaft bewirkte. Die Menschen veränderten sich sichtlich, indem sie alte Vorstellungen abstreiften und sich neue Ansichten angewöhnten. Christoph Blumhardt kapselte sich nicht ab und ließ sich in ein Gespräch mit seiner Zeit ein, die ihn aber überspielt hätte, wäre er nicht so fest dagestanden. Er übernahm den damals in der Luft liegenden Entwicklungsgedanken und schrieb ihm eine allzu große Tragfähigkeit zu, aber er verband ihn auch stets mit Gott und fragte sich dabei: »Was ist aller Fortschritt, wenn das Höchste preisgegeben wird?«[6] Christoph Blumhardt fühlte das Zeitgewoge bis zur Qual, wußte aber, wir müssen eine neue Richtung einschlagen, denn wer zurückschaut, erstarrt zur Salzsäule. Der damals verbreitete Fortschrittsgedanke blendete auch ihn zuweilen, doch fragte er sich immer wieder: »Geht es wirklich vorwärts? Oder geht es am Ende abwärts?« Darüber wurde er sich nicht eindeutig klar. Entwicklungsgedanke und Enderwartung sind verschiedene Dinge. Blumhardt hielt sie zuwenig streng auseinander. Zuweilen ging er etwas unkritisch auf die allzu stark an sein Ohr rauschenden Zeitbestrebungen ein. Er zollte hie und da dem Zeitgeschmack Tribut und geriet damit in die Nähe des utopischen Denkens. Zwar sprach er bei aller Offenheit immer wieder von Trübsalzeiten, auch wurde er von Ahnungen einer kommenden Katastrophe heimgesucht. Er sah Zeiten der größten Strenge Gottes über das Menschengeschlecht kommen. Heils- und Unheilsweissagungen standen bei Blumhardt dicht nebeneinander, beide sind gleicherweise bei ihm vorhanden und zeigen, welche ungewöhnlichen inneren Spannungen er auszuhalten hatte. Bei aller Ausgeglichenheit war er ein Mensch, bei dem sich stets Zuversicht und Schrecken miteinander verbanden, was ihm ein nicht leicht zu verstehendes Gepräge gab. Hat er sich in seiner Korbstuhl-Situation auch leise gefragt, ob er nicht zuwenig zwischen Hoffnung und Futurismus differenziert habe? Er lebte einst in glühender Erwartung besserer Zeiten und mußte dann erfahren, daß sie durch dunkle Geschehnisse widerlegt wurde. Statt einer lichtvollen Zukunft brach 1914 der Erste Weltkrieg aus, der viereinhalb Jahre dauerte. Blumhardt trug seelisch schwer daran. In Rußland kam 1917 der Bolschewismus durch die Oktoberrevolution zur Macht, und was mit einem kommunistischen Regime verbunden war, konnte Blumhardt unmöglich überblicken. Im November 1918 brach Deutschland zusammen, und dieses Ereignis hüllte das ganze Land in einen grau in grau getauchten Alltag ein. Angst und Traurigkeit lasteten auf den deutschen Menschen, die keinen Aufschwung, keine Freude und keine Heiterkeit mehr kannten. Es war eine düstere Zeit. Wie immer nach einem verlorenen Krieg war die Bevölkerung demoralisiert. Blumhardts Fortschrittsglaube, den er als Sohn seiner Zeit teilte, erhielt einen argen Stoß. Für viele Menschen ist dieser Wahn damals endgültig zusammengebrochen. Blumhardt meinte: »Heute ist es gut, daß sich das Göttliche versteckt. In meiner Jugend war es viel offener... Die Welt ist seitdem viel ungemütlicher geworden.«[7] Trotzdem ergab er sich keineswegs rückwärtsgewandten, unfruchtbaren Sehnsüchten.

Bei dieser Enttäuschung über die Entwicklung der Dinge fühlte sich der still im Korbstuhl sitzende Blumhardt wahrscheinlich gelegentlich auch angefochten. Die Rauchwolken seiner Zigarre haben seinen Blick nicht getrübt, dafür war das gespannte Warten auf das Kommende zu tief in ihm verankert. Nirgendwo in der Welt wurde die Bitte so flehentlich und immer wieder ausgesprochen wie in Bad Boll: »Komm, Herr Jesus, komme bald!« Für Christoph Blumhardt war dies das Wichtigste in seinem ganzen Leben: »Das Kommen, das Kommen hat sich ganz charakteristisch vollzogen. Es gibt Abschnitte in der Zeit und über der Zeit, da wir uns zugerufen haben: Hast du es gemerkt? Hast du es gesehen? Er kommt!«[8] Schon der Vater von Christoph Blumhardt hatte gespannt nach dem Kommenden ausgeschaut, und beim Sohn verdoppelte sich noch die Erwartung. Wurde er an dieser Einstellung irre? Nein! Davon ist kein Wort überliefert. Im Gegenteil, er sagte: »Meine Freunde, ich habe noch nicht eine Minute Angst gehabt.«[9] Das bedrückende Enttäuschungserlebnis blieb ihm erspart. Was er früher von seinem Vater gesagt hatte, gilt auch von ihm: »Er hat sich getäuscht. Und doch hat er sich nicht getäuscht.«[10] Diese paradoxe Aussage spiegelt getreu Blumhardts Situation. Diese feste Haltung allein läßt die von der Panik geschüttelten Gegenwartsmenschen aufhorchen. Christoph Blumhardts Hoffnung stützt sich auf keine Ideologie, sondern sie grünt und blüht aus der Verheißung der Bibel. Er hat mit dem durch die Geschichte sprechenden Gott gerungen und sich damit schwer geplagt. Wahrhaftig, er hat sich in dieser Beziehung die Antwort nicht leicht gemacht. Obwohl ihm oft das Atmen schwerfiel, hielt er an der »Heilspredigt fest im Trotz gegen das Unheil«[11], denn er wußte genau, daß sein ganzes Leben vergeblich wäre, wenn er in dieser Beziehung schwach würde. »Weil der Heiland nahe ist, tobt die Finsternis«[12], sagte er und blieb mit seinem oft mühsam erkämpften »Dennoch« in der Linie der biblischen Männer. Während seiner Krankheit hat er ohne Klagen durchgehalten. Keine Stunde ist er in der Stille von Jebenhausen schwach geworden, sondern hat stets versichert: »Es wird regiert! Auch da, wo es ganz finster ist, ist Gott allein der Herr. Es kann kein Teufel tun, was er will.«[13] Selbst heute, im Atomzeitalter, hängt es nicht von den beiden Supermächten ab, ob der Erstschlag erfolgt, sondern auch da regiert nur Gott allein. Es ist das Göttliche im Menschen, das Blumhardt davor bewahrte, den Glauben an das Reich aufzugeben. Bis zuletzt hielt er das Banner hoch.

All diese Überlegungen werden von außen an Blumhardt herangetragen. Nach seinen Äußerungen zu schließen, beschäftigte ihn in Jebenhausen auch noch ganz anderes. Die Stürme seines Lebens lagen hinter ihm, und es begann das letzte Stadium seines Daseins, das zu verstehen die höchste Anforderung stellt. Christoph Blumhardt wurde in die Stille geführt; das Göttliche verträgt keinen Lärm. »Von einer neuen Zeit in der Stille«[14] sprach er und spielte auch auf das »stille, sanfte Sausen« des Elia an. Christoph Blumhardt mußte das Warten ganz existentiell lernen, dieses Bereit-Sein, von dem er einst so eindrucksvoll gesprochen hatte. Es war Abend geworden in seinem Leben, aber nicht Nacht. Die Sterne leuchteten ihm am Himmel, und da sagte er leise flüsternd das bedeutendste Wort seines Alters: »Die jetzige Zeit, die ich so ganz in der Stille verbringe, ist voll vom Erleben Gottes. Ja, es ist heute meine größte Zeit, so daß mir mein früheres Leben wie nichts dagegen erscheint.«[15] Erst jetzt begann für ihn das Leben in der Verborgenheit, das von jeher im Christentum wesentlich war. Jesus sprach von dem Gott, der ins Verborgene sieht. Die Wüstenväter suchten die Verborgenheit auf, um sich den Blicken der Menschen zu entziehen. Christoph Blumhardt empfand diese Verborgenheit als den Höhepunkt seines Lebens, als die letzte Steigerung in seinem Dasein. Ähnlich wie Oetinger in seinem Alter, und doch wiederum anders, ist auch Christoph Blumhardt in dieser Phase in das Mysterium des Schweigens eingegangen. Sein Lebensabend war kein Abgesang, hat er ihn doch selbst als seine größte Zeit bezeichnet. Er erlebte das geheimnisschwere Schweigen, dessen Größe sich aller Schilderung entzieht. Das Erleben Gottes ist von einer Gewalt, die nicht mit Worten eingefangen werden kann, sonst hätte es nichts mit Verborgenheit, Stille und Schweigen zu tun. Es ist der mystischen Sphäre verhaftet, die sich jenseits aller Begriffe befindet. Diese wundersame Erfahrung erlebte Christoph Blumhardt noch ganz zuletzt.

Am 2. August 1919 ist Blumhardt still eingeschlafen. Er wurde in Bad Boll begraben, auf dem Friedhof, der heute unter Denkmalschutz steht und den Besucher wie »ein steinernes Denkmal der Gottesgeschichte« stark beeindruckt. Blumhardt hatte ausdrücklich gewünscht, daß an seinem Grab einzig und allein der kraftvolle 46. Psalm gelesen werden sollte, doch leider wurde dieser Wunsch mißachtet, indem verschiedene Reden gehalten wurden. Bezeichnenderweise fehlte auch ein Vertreter der kirchlichen Behörde bei der Bestattung.

Die Erben fragten sich nun, was mit Bad Boll geschehen sollte. Christoph Blumhardt hatte einmal erklärt: »Bad

Boll ist mit meinem Tod zu Ende, es hat keine Fortsetzung.«[16] Er hatte sich immer gegen jede Anhängerschaft ausgesprochen, weil er der Meinung war, sie raube dem Menschen die Selbständigkeit. Zudem fühlte er sich zeitlebens »wie ein absolut einsamer Mensch«[17]. Tatsächlich war keines seiner Kinder fähig, die Arbeit weiterzuführen. Die Situation in Deutschland war nach dem verlorenen Krieg trübselig. Zwar wurden den Erben Millionen von Mark für Bad Boll angeboten, aber sie hatten das Gefühl, die ganze Anlage gehöre Gott und nicht ihnen. Darum lehnten sie alle Angebote ab.

Schließlich kamen sie auf den Gedanken, das schuldenfreie Kurhaus der Herrnhuter Brüdergemeine zu schenken, damit sie es im Sinne Blumhardts fortführe. Diese Lösung zeigt die ehrenhafte Selbstlosigkeit der Erben. Gleichwohl kann man fragen, ob die von Schwester Anna von Sprewitz – sie war nach Blumhardts Tod eilig bei den Herrnhutern eingetreten – stark befürwortete Schenkung, auch wenn sie einstimmig erfolgte, tatsächlich im Sinne Blumhardts war. Er sagte einmal deutlich: »Wir sind eben etwas ganz anderes, als solch eine Gemeinde wie etwa Herrnhut oder Kornthal – die haben sich ein Nestchen bauen dürfen, in dem hintendrein alles mögliche Platz hat.«[18] Dazu kommt noch ein anderer Gesichtspunkt: Auch Zinzendorf war eine ausgeprägte Persönlichkeit, und seine Brüdergemeine besaß eine gefestigte Tradition, die sich nicht plötzlich ändern ließ. Die Weiterführung im Sinne Blumhardts war eine Selbsttäuschung. Blumhardt und Zinzendorf zusammen ergaben kein richtiges Amalgam. Auch nach der Übergabe von Bad Boll an die Herrnhuter blieb Zinzendorf die maßgebende Persönlichkeit, was in seiner Gemeinde durchaus begreiflich ist. Aus reinen Pietätsgründen wurde Christoph Blumhardts Erbe so nebenher gepflegt, von einer gegenseitigen Befruchtung jedoch kann nicht gesprochen werden. Auf die Dauer vermochte auch diese Gemeinde das große Kurhaus nicht zu halten, sondern war gezwungen, es an eine Klinik zu vermieten.

Es ist Schönfärberei zu behaupten, daß die nebenan gebaute evangelische Akademie sich »in ihrem Wirken dem auf die Nöte und Fragen der Gesellschaft gerichteten Denken Christoph Blumhardts verpflichtet fühlt«[19]. Die Akademie stellt sich ganz bewußt eine andere Aufgabe und bietet nur gelegentlich einen Vortrag über Blumhardt an. Die evangelische Akademie in Bad Boll wird nicht von Blumhardts Spiritualität geprägt. Es findet sich in der ganzen Akademie nicht der geringste Hinweis auf die beiden Gottesmänner. Weder ein Bild noch ein Wort weisen auf sie hin. Für die Akademie scheinen die beiden Blumhardts keine grundsätzliche Bedeutung zu haben. Sie sind in Bad Boll wie vom Erdboden verschwunden. Das künstlich hergestellte und stets abgeschlossene Blumhardt-Zimmerchen im Kurhaus besitzt einen rein musealen Charakter. Bei dieser wehmütigen Feststellung erhebt sich die Frage: Kann es sich die evangelische Christenheit tatsächlich leisten, zwei ihrer großen Söhne einfach der Vergessenheit anheimfallen zu lassen? Muß sich die Kirche darüber nicht ernsthaft Rechenschaft geben, besonders in der heutigen Zeit, da sie ohnehin auf

Schmalkost gesetzt ist und sich mit allerlei Surrogaten über ihre Lähmungskrankheit hinwegzutäuschen sucht? Würde ihr Blumhardt nicht helfen, die schwere Durststrecke zu überwinden und ihr einen neuen Aufschwung geben?

Eine helle Freude am Grab

Es geht jetzt nicht darum, nach mehr als fünfzig Jahren eine von Christoph Blumhardt ausdrücklich nicht gewünschte Grabrede doch noch zu halten. Nach seinen Worten werden »biblische Männer nicht berühmt, man kann sie nicht beschreiben«[1]. Sie entziehen sich hartnäckig einer literarischen Würdigung; Blumhardt selbst hat alle Dokumente eigenhändig vernichtet, damit niemand eine Biographie über ihn schreiben könne. Eugen Jäckh hat heimlich gewisses Material beiseite geschafft, das jedoch unter Verschluß bleibt bis zum Jahre 2019. Deshalb leidet auch die vorliegende Darstellung an einer inneren Not. Sie ist als eine Flaschenpost ins Unbekannte aufzufassen, die vielleicht irgendwo aufgefangen wird und eine Antwort auslöst.

Trotzdem besteht die Verpflichtung, Person und Werk Blumhardts immer wieder neu zu bedenken und die Bedeutung seines Liedes ins richtige Licht zu stellen, selbstverständlich ohne jeden Personenkult. Dies kann im ersten Anlauf gar nicht gelingen. Immer wieder erhebt sich die Frage: Wie sehen wir heute Blumhardt, nachdem die Menschen dahingegangen sind, die ihn noch persönlich gekannt haben?

Es ist unangebracht, sich als ein Bad Boller aufzuführen. Christoph Blumhardt selbst hat dies immer abgelehnt. Gerade wenn man ihn liebt, besitzt man auch die innere Freiheit, sich nicht ängstlich an alle seine Worte zu binden, war er doch ohnehin zu widerspruchsvoll. Beispielsweise verrät seine Meinung: »Die Kunst führt nicht zu Gott... Sie sollte sich nicht mit Gott befassen«[2] ein groteskes Unverständnis, dem man nicht beipflichten darf. Haben doch viele Dichter, Musiker und Maler eindringlicher und erschütternder von Gott geredet, als es die Dogmatiker mit ihren Brummtönen je vermocht haben. Christoph Blumhardt kannte auch Selbstkritik. Es blieb ihm nicht verborgen, daß sein Versuch, die Gottesrealität ins Irdische hineinzutragen, nicht gelungen war, und trotzdem verlor er nie die Freude, und zwar jene vollkommene Freude, von der das Johannesevangelium spricht.

Christoph Blumhardt wurde oft verkannt. Man schmähte ihn und nannte ihn einen Schwarmgeist, einen Illusionär, einen religiösen Sonderling und Irrlehrer. Diese ungerechten Urteile nahm er schweigend hin. Er hat es wahrhaftig nicht nötig, gegen solche nichtsnutzige Anwürfe verteidigt zu werden. Man darf auch nicht vom Standpunkt des offiziellen Protestantismus an ihn herangehen und fragen: Hat er die Rechtfertigungslehre auch richtig verstanden? Das ist ein falscher Einstieg. Wenn man meint, ihn einen Freischärler nennen zu müssen, ist dies ebenfalls eine ihm fremde Bezeichnung. Man muß ihn in seiner Eigenständigkeit erfassen, denn seine Bedeutung ist so groß, daß er dies beanspruchen darf. Er war eine überaus kraftvolle, imponierende Persönlichkeit und frei von Ehrgeiz und Geltungsdrang. Seine tiefen Einsichten konnten in dieser Federzeichnung mehr angedeutet als ausgeführt werden. Christoph Blumhardts Geheimnis läßt sich weder aussprechen noch psychologisch erklären: Es kann nur erahnt werden. Ein nicht in Worte zu fassendes göttliches Fluidum umgab ihn. Als ein in sich gesammelter, stets auf das Wesentliche ausgerichteter Mann, von Selbstbewußtsein und Bescheidenheit zugleich erfüllt, besaß er »ein intimes Verständnis für die Wege Gottes und den Beruf, das Göttliche in seinem Leben darzustellen«[3]. Es brauste in ihm, aber er drängte sich niemandem auf und verteidigte sich auch nie, was seine innere Stärke dokumentiert. Eine seltene Toleranz, im wahren Sinne des Wortes, lebte in ihm, eine Toleranz, die sogar Clara Zetkin beeindruckte. Auf den Vorwurf, er habe Schwankungen durchgemacht, antwortete er fröhlich: »Ich habe mich noch nie gefürchtet, ich bin immer meinen ganz gleichen Weg gegangen ... Ich bin immer bloß als innerlich derselbe aus einer Schale heraus und wieder in eine andere Schale hineingekommen, um wieder diese Schale zu durchbrechen und wieder in eine andere Schale hineinzugehen.«[4] In diesen Worten deutete er das Gesetz seiner inneren Entwicklung an: Der Christ bedarf der Wandlungen, wenn er lebendig bleiben will. Trotz seiner Glaubenskraft seufzte auch er manchmal, weil er sich selbst zur Qual war.[5] Bei aller Anerkennung des Reichtums seines Geistes muß man einräumen, daß er hie und da vorschnelle Urteile fällte, die er später wieder korrigieren mußte. Er befand sich in einem ständigen Werdeprozeß und kannte keine abgeschlossene Weltanschauung. Wegen seiner vibrierenden Lebendigkeit sprach man von einer »heiligen Einseitigkeit«, ein Einwand, den man gegen alle Gottesmänner erheben könnte, deren Aufgabe es war, ein Korrektiv zu sein. Sooft man zu seinen Ansprachen greift, wird man von der Kraft seiner Rede überwältigt und findet neue Einsichten. Er vermittelte christliche Substanz, wie man sie nur noch bei ganz wenigen Zeitgenossen in gleicher Stärke antrifft. Es war nicht nur ein kurzes Strohfeuer, sondern ein echtes Zeugnis, das wohl eine Zeitlang umgangen werden kann, sich aber immer wieder zu Worte melden wird. Christoph Blumhardt gehört zu den bleibenden Ketzergestalten. Wenn vieles von dem, was man heute auf dem religiösen Jahrmarkt feilbietet, längst vom Winde verweht sein wird, dann wird Blumhardt immer noch dasein.

Um Christoph Blumhardts Persönlichkeit, die so gar nichts Finsteres an sich hatte, nur annähernd zu verstehen, müßte sein inneres Wesen dargelegt werden, das er jedoch streng hütete. Gelegentliche, seltene Aussagen vermitteln eine kleine Ahnung. So war er überzeugt, daß »viele Engel um uns her sind«, und zudem gestand er: »Denn ich lebe nicht ohne Engel, sonst ginge ich von hier fort.«[6] Nach ihm möchte man nicht wieder ins alte Christentum zurück, wenn man »Engel gesehen hat«[7]. Christoph Blumhardt hat »Engel Gottes hinauf- und herabfahren gesehen«, und dies nicht nur als Redensart gesagt, sondern »ganz massiv gemeint«. Er fügte hinzu: »Wenn uns heute die Augen aufgingen, würden wir auch Engel genug sehen.«[8] Diese Überzeugung floß ihm nicht aus einer euphorischen Stimmung zu, sondern er war von ihr erfüllt: »Jeder Mensch muß seinen Engel haben, der für ihn vor Gott steht.«[9] Auch wußte er:

»Wir haben Engel um uns und müssen Engel haben.«[10] Man müßte mit der Laterne Zeitgenossen mit einer solchen inneren Gewißheit suchen gehen und fände wahrscheinlich doch keine. Dabei ist in den ersten zwei Kapiteln des Lukasevangeliums von einer ähnlichen Engelfreude die Rede. Gerade diese Worte Blumhardts und ebenso jene über seine größte Zeit in der Stille öffnen den Blick in sein innerstes Heiligtum. Er entwickelte keine schulgerechte Engellehre, wohl aber deutete er den geheimnisvollen Hintergrund an, aus dem ihm seine Kräfte zugeflossen sind. Er gab die Parole aus: Wir müssen mit diesem Glauben »in eine neue, tobende, tosende, fröhliche, jauchzende, sterbende, ächzende und wieder jubilierende und großtuende Welt hinein, tief hinein gehen«[11].

In Christoph Blumhardt war auch eine tiefe prophetische Kraft wirksam, was man wohl sagen darf, wenn man auch mit dieser Bezeichnung vorsichtig umgehen muß, weil sie in der heutigen Zeit schleuderhaft gebraucht wird. Er selbst drückte sich bescheiden aus: »Prophetie ist das Menschlichste, was es überhaupt gibt. Ohne Prophetie sind wir keine rechte Menschen, wir sind degradiert, wenn wir des göttlichen Geistes entbehren.«[12] Er stützte sich dabei nicht auf Träume: »Ich mag die Stimmen nicht, ich mag auch Träume nicht«[13]; er stand auf dem Boden des biblischen Realismus. Gelegentlich sah er eine unheile Zeit kommen: »Heute, kann man sagen, leben wir in einer Kataraktenzeit, man muß gespannt sein von einem Tag auf den andern, was geschieht.«[14] Trotz aller fürchterlichen Todeskämpfe der Völker glaubte er fest, daß dadurch das Göttliche doch weiterwachsen werde. Mit seinem Prophetismus verkündete Blumhardt eine fortlaufende Offenbarung, ohne die das Evangelium erstarren würde.

Seine Botschaft läßt sich am einfachsten mit dem Wort ›Hoffnung‹ umschreiben. Erwartungsvoll hielt er Ausschau nach dem wiederkommenden Herrn und gab dadurch der Christenheit die Hoffnung zurück.[15] Wie Luther vom Wort ›Glauben‹ getroffen wurde, so wurde Blumhardt vom Wort ›Hoffnung‹ überwältigt. Er hat darunter nicht etwas Unbestimmtes, auch keine bloße Sehnsucht oder eine optimistische Haltung verstanden. Auch ging es ihm nicht um ein Prinzip, wie es im marxistischen Denken eine Rolle spielt. Prinzipien gleichen Bohnenstangen, mit denen man eine Zeitlang in der Luft herumfuchteln kann, die aber keine Kräfte entbinden. Auch mit einer intellektuellen »Theologie der Hoffnung« hat Blumhardt nichts zu tun, die bezeichnenderweise bei Bloch und nicht bei Blumhardt anknüpft. Vielleicht hat Blumhardt mit seiner spontanen Sprache nicht immer scharf zwischen irdischer und ewiger Hoffnung unterschieden. Seine unbeirrbare Hoffnung war für ihn der letzte Anker in schwerer Existenznot. Mit einer grandiosen Gebärde hat er ihr Ausdruck gegeben. Bei dem Manne von Bad Boll leuchtete die urchristliche Hoffnung wie ein heller Blitz in der dunklen Nacht der modernen Zeit auf und erwies sich als ein strahlendes Licht, dem er sein hochgemutes Lebensgefühl verdankte. Seine Hoffnung hatte nichts mit einem leichtfüßigen Optimismus zu tun, der einem heute ohnehin bald vergeht. Bei ihm war alles tiefer gegründet und verwurzelt. Christoph Blumhardt, kein anderer, war es, der als erster wieder mit elementarer Kraft das Banner der Hoffnung auf Gott, auf Gott allein und nur auf Gott vor den getrübten Augen der Christen entfaltete. Es brannte in seiner Seele, oft hielt er das Warten fast nicht mehr aus. Er hörte das Rauschen des Gewandes Gottes, hörte förmlich sein Anklopfen. Unermüdlich hat er seinen Zuhörern zugerufen, welche Kraft die neutestamentliche Hoffnung in sich schließt und was ernsthafte Hoffnung im Leben überhaupt bedeutet. Er zählt zu den ganz großen Hoffnungsmenschen der Christenheit, hat er doch die Hoffnung ganz intensiv gelebt. Die christliche Hoffnung weist keine Verwandtschaft auf mit irgendeiner Utopie, weil sie als Verheißung ganz in Jesus gegründet ist. Wer die Hoffnung auf das Reich als eine Illusion preisgibt, übt Verrat an Christus.

Die Hoffnungskraft ist Blumhardts Vermächtnis an die Christenheit. Viele Menschen ergeben sich zynisch einer snobistischen Arroganz und verbergen damit ihre innere Verzweiflung, in der sie an der eigenen Sinnlosigkeit zugrunde gehen. Bodenlos sind auch die nihilistische Literatur und Kunst, die das gespenstische Vakuum unserer Zeit widerspiegeln. Der gegenwärtigen Indifferenz ist einzig die lebendige Hoffnung überlegen. Sie ist größer als alles pragmatische Geschehen. Christoph Blumhardt hoffte gegen alle Hoffnung; er kapitulierte nicht vor den finsteren Gewalten, weil er unerschütterlich glaubte, daß Gott in der Welt gegenwärtig ist.

Es gibt bei Blumhardt einige Einsichten, die er nur

andeutungsweise gestreift hat, die aber eines vertiefenden Nachdenkens wert sind. Die unerledigten Gedanken müssen aufgearbeitet werden, zumal auch sie zu
seinem hellen Gesang gehören.

Das eine Problem betrifft die Natur. Christoph Blumhardt sagte: »Die Natur ist Gottes Schoß. Aus der Erde
wird Gott uns wieder entgegenkommen.«[16] Dieses
rätselvolle Wort ist aus seinem Gemeinschaftsgefühl
mit der Natur heraus zu verstehen: »Die Welt ist eine
Schöpfung Gottes voller Leben; in dieser Schöpfung
Gottes lebt alles, selbst die Steine leben. Es ist nichts
Totes, alles wächst, alles entwickelt sich; und in allem
sind Lebenskräfte Gottes, die sich millionenfach
bekunden dürfen, unsichtbar und doch fühlbar.«[17]
Blumhardts Worte sind mit denen von Jeremias Gotthelf in Zusammenhang zu bringen, »daß Gott zu seinen
Kindern rede in Sonnenschein und Sturm, daß er im
Sichtbaren darstelle das Unsichtbare, daß die ganze
Natur uns eine Gleichnisrede sei, die der Christ zu
deuten habe«[18]. Beide Männer wandten sich – wie
bereits Hamann – gegen die Auffassung, daß Gott
einzig in der Bibel sich offenbare. Die Folge dieser
ausschließlichen Gesinnung war, daß die Christenheit
in eine naturlose Theologie und eine gottlose Naturwissenschaft auseinanderbarst. Weder das eine noch das
andere kann befriedigen. Blumhardts schlichte Feststellung eröffnet einen neuen Horizont: »Die Erde ist ja
auch ein Kind Gottes.«[19] Er umfaßte jede Kreatur, und
nach ihm soll die ganze Erde jauchzen, auch die Bäume
und die Gräser werden über Christus jubeln. In dieser
ungewohnten Richtung gilt es weiterzugraben, und erst

dann kommt es zu einer Versöhnung zwischen Mensch und Natur. Christoph Blumhardt strebte nach einer Harmonie mit der Natur, die immer Aufgabe und nie endgültige Lösung für die Menschen ist. Aus seiner einfachen Natürlichkeit heraus schrieb er einmal an seine Gattin: »Es duftet heute alles und jedes Gräslein. Und Schöneres kann man sich nicht denken, als dies leise Wehen des Ewigen, das wir mitempfinden dürfen für alle Kreaturen. Ich denk mir Dich dort herumwandelnd als Spenderin von Gottesgedanken für die dortigen Gräslein und Schncklein und Mücklein. Und wenn auch nur ein einziges kleines Wesen mit Dir Gemeinschaft fühlt in der ewigen Liebe, der wir alle uns opfern wollen, so ist es ja schon eine Gemeinschaft mit dem Heiligen, das auch Dich und jeden Halm heiligt.«[20]

Das andere Problem betrifft die Auslegung der Bibel. Damals beherrschte die historisch-kritische Forschung das Feld. Christoph Blumhardt teilte ihre Betrachtung nicht, aber es fehlt bei ihm auch jede Auseinandersetzung mit ihr. Es ist dies wohl ein Mangel, wenn sie auch nicht seinem Zuhörerkreis entsprochen hätte. Der Fundamentalismus ist der kritischen Forschung nicht überlegen, weil er etwas retten will, das auf diesem Weg nicht zu retten ist. Christoph Blumhardt hatte eine freie Einstellung zur Bibel. Er ließ beispielsweise die Rachepsalmen auf der Seite liegen, was man ohne weiteres versteht. Auch sprach er kaum vom Zorne Gottes, von dem doch in der Heiligen Schrift die Rede ist und der sowohl Luther als auch Böhme stark beeindruckte. Christoph Blumhardt war wohl biblisch orientiert, aber nicht biblizistisch. Das ewige Buch half ihm, die entscheidenden Lebensprobleme zu bewältigen. Unermüdlich war er mit dem Urgestein der Bibel beschäftigt. Wird diese Einsicht weiter verfolgt, kann sie aus dem Tal der bloßen Kritik, in dem wir seit Jahrzehnten festsitzen, herausführen und neue Perspektiven eröffnen.

Christoph Blumhardt schaute die Wahrheit, war vom Logos und nicht von der Vernunft geleitet. Aus dieser Erleuchtung sagte er kurz und bündig: »Jedes Wort Christi ist etwas ganz Fertiges, Einziges und soll nicht mit menschlichen Dingen vermischt werden. Es sollen auch nicht Meinungen über ein Wort Jesu gepredigt werden. Es soll beim Wort selber bleiben.«[21] Er hat auch entsprechend gehandelt; es finden sich bei ihm keine Auslegepredigten, die ohnehin etwas langweilig wirken, weil sie mit einigen anderen Worten dasselbe sagen, was im Text steht. Christoph Blumhardt ließ sich von einem Bibelwort inspirieren, und dann redete er frei, ohne schriftliche Fixierung, nicht über den Text, sondern aus dem Geist des Wortes heraus. Das verlieh seinen Ausführungen die enorme Lebendigkeit. Entscheidend war für ihn weder das System noch der Biblizismus, sondern allein »Gott in der Bibel« und nicht das Buch an sich.[22] »Ja, manchmal, wenn man ein Bibelwort liest, dann ist es wie ein gar nicht menschlich geschriebenes Wort, dann löst sich dieses Wort los von allem menschlichen Reden, und es ist auch wie eingehüllt in eine Wolke göttlicher Kraft, von göttlichem Tun, und es geht in unser Herz hinein. Wir begreifen es gar nicht, daß es möglich ist... auf einmal kommt so ein Wort daher wie ein starker, mächtiger Engel, der mit heiliger Hand unsere Herzen berührt, und es geht Leib und Seele auf, und wir atmen...«[23] Blumhardt hat die neue Sicht der Bibel nur fragmentarisch angedeutet; es ist die Aufgabe späterer Generationen, sie zu entfalten, damit wieder frische Luft in die verstaubte Auslegung hineinkommt.

Bei einer ernsthaften Beschäftigung mit einer Gestalt der christlichen Geistesgeschichte, die nicht im bloßen Historismus steckenbleiben will, muß man sich fragen, was im Gedächtnis bleibt, denn nur das Bleibende ist von Bedeutung und nie die augenblickliche Modeströmung. Dabei muß man sich zunächst eingestehen, daß es beim fünfzigsten Todestag des jüngeren und auch beim hundertsten Todestag des älteren Blumhardt zu keiner Blumhardt-Renaissance gekommen ist, um diesen hochtrabenden Begriff zu gebrauchen. Es blieb, wie es bei den Jubiläen zu geschehen pflegt, bei einem momentanen Gedenken, und hernach ging man rasch zur Tagesordnung über. Unsere Zeit ist allzu schnellflüchtig, hat sie sich doch angewöhnt, mit einer Person oder einer Sache fertig zu sein, bevor sie mit ihr wirklich begonnen hat. Über diesen modernen Verschleiß darf man sich keinen Illusionen hingeben. Man vermag sich höchstens mit Heraklits Wort notdürftig zu trösten, daß man nicht zweimal in den gleichen Fluß steigen kann. Trotzdem besteht die Frage nach dem Bleibenden bei Blumhardt weiter.

Bleibend ist zunächst die Auseinandersetzung Blumhardts mit der väterlichen Geisteswelt. Er hat sie weder unbesehen übernommen, noch hat er mit ihr gebrochen. Beides ist gleicherweise unfruchtbar. Die Tradition ist immer wichtig, aber sie muß neu erfahren und lebendig weitergeführt werden. Das tat der junge Blumhardt vorbildlich und hat damit der Nachwelt ein geradezu mustergültiges Beispiel hinterlassen, das in anderen Situationen von richtungweisendem Wert ist.

Bedeutsam ist auch sein Verhältnis zur Theologie. Wir dürfen uns nicht Hals über Kopf in eine neue Theologie stürzen, die gewöhnlich nur eine Generation lang die Gemüter fasziniert und für den Laien unverständlich bleibt. Ebensowenig darf man sich zu einer Theologiefeindlichkeit hinreißen lassen, zumal zu viele Jahrhunderte am Bau der christlichen Theologie gearbeitet haben. Christoph Blumhardt hat auf Distanz zur Theologie gehalten und hat deren Größe und Elend gesehen. Sein Verhalten bleibt nachdenkenswürdig, dies um so mehr, als die theologischen Kommissionen mit ihren langatmigen Diskussionen nie imstande sein werden, das Ärgernis der gespaltenen Christenheit zu überwinden. Eine Spiritualität, die darauf achtet, wie sich die christliche Haltung im alltäglichen Leben auswirkt, birgt größere Möglichkeiten in sich.

Ferner ist Christoph Blumhardts Eingehen auf die sozialen Fragen ein bleibendes Signal. Die Solidaritätsverpflichtung mit den Armen besteht für den Christen; es geht nicht an, an der Not der Menschen mit frommen Worten vorbeizugehen. Die sozialistische Ideologie reicht dafür nicht aus. Auch Christoph Blumhardt konnte mit dem Marxismus in keine dauernde Verbindung treten, weil dessen Religionshaß zu Christi neuem Gebot in krassem Widerspruch steht. Es gibt hierin keine ehrliche Koexistenz. Blumhardts Frage bleibt eine dauernde Anfrage an die Christenheit; Lösungen müssen immer wieder neu gesucht werden.

Christoph Blumhardt hatte ein unmittelbares Verhältnis zu Gott. Er hat ohne alle theoretischen Vorbedingungen von Gott, von Gott allein und ausschließlich von Gott gesprochen, und zwar mit einer Kraft, Dichte und Tiefe, daß die Stimme Christi erneut zu hören war. Bei ihm erschallte die Frohe Botschaft wirklich wieder wie bei keinem seiner Zeitgenossen. Es wird einem ganz leicht ums Herz, wenn man sich in ihn vertieft. Seine undogmatische und unkirchliche Sprache von Gott war ohne jeden angeblich charismatischen Zungenschlag. In Blumhardts Nähe atmet man freier, denn sein Pfad führt dem Göttlichen entgegen, auch heute noch.

Der alte Blumhardt hat vor seinem Sterben zu seinem Sohn Christoph gesagt: »Ich segne dich zum Siegen.« Tatsächlich war Christoph mit seinem neuen Lied ein gesegneter Mensch. Unzählige Menschen haben an Leib und Seele diesen Segen erfahren. Er hat wirklich gesiegt, sofern man unter Sieg nicht bloß einen äußeren Triumph versteht. In seinem Leben leuchtete die Siegeskraft Christi über die dunklen Mächte auf, und dieser lichtvolle Schein reicht bis in die Gegenwart herein.

Da Christoph Blumhardt als ein Gesegneter gesiegt hat, sagte er einmal: »Wenn ich weggehe und ihr seid traurig, so ist's nicht in Ordnung.«[24] Eine ungewöhnliche Aussage! Sie steht im Gegensatz zu den vielen Tränen, die an den Gräbern geweint werden. Blumhardt fügte in seinem starken Auferstehungsglauben später hinzu: »Ich hoffe, wenn ich einmal sterbe, daß auf meinem Grabe eine helle Freude aufgeht, ein helles Jauchzen über allem wunderbaren Guten, das Gott an mir getan hat.«[25] In dieser Aussage verbindet sich das Ende mit dem Anfang der Ausführungen. Zu Beginn jauchzte das einfache Weiblein im Saal von Bad Boll, und am Schluß fühlt man eine unerwartete Freude. Dem Leichenwagen Blumhardts gingen Kinder voran, ganz in Weiß gekleidet, mit Rosen im Haar, gefolgt von Blumenwagen. Das Begräbnis glich mehr einem Hochzeitsfest als einer tränenschweren Bestattungsfeier und mutete wie eine Illustration des Bibelwortes an: »Gehe ein zu deines Herrn Freude.«[26] Deswegen ist es geboten, an seiner Grabstätte zu singen und nicht den Kopf hängen zu lassen. Es hat sich in Blumhardts Leben Einmaliges ereignet, Dinge, die uns veranlassen, uns jetzt und immer wieder neu von Herzen zu freuen. Ja, das Lied über seinem Grab hat einen hellen Klang; wir stimmen jubelnd in Christoph Blumhardts Aufforderung ein: »Singt, und wenn es noch so dunkel ist, singt! singt! lobt! dankt! preist! singt!«[27]

Blumhardt-Literatur

DER VATER

Blätter
Ernst, Paul (ed.): Blätter aus Bad Boll, Faksimileausgabe, 5 Bde., 1968–1974

Blumhardt über Blumhardt
Lejeune, R. (ed.): Christoph Blumhardt und Friedrich Zündel über Johann Christoph Blumhardt, 1969

Haug
Haug, Richard: Johann Christoph Blumhardt. Gestalt und Botschaft, 1984

Kampf
Schäfer, Gerhard (ed.): Der Kampf in Möttlingen, 2 Bde., 1979

Leuchtende Liebe
Günther, W. und Schäfer, G. (ed.): Johann Christoph Blumhardt, Leuchtende Liebe, 1981

Münch
Münch, Alo: Johann Christoph Blumhardt, 1961

Rudert
Rudert, Erwin: Ich will von Blumhardt lernen, daß Jesus Sieger ist, 3. Auflage 1986

Scharfenberg
Scharfenberg, Joachim: Johann Christoph Blumhardt und die kirchliche Seelsorge heute, 1959

Schriften
Bruder, Otto (ed.): Johann Christoph Blumhardt, Ausgewählte Schriften in drei Bänden 1947–1949

Zündel
Zündel, Friedrich: Johann Christoph Blumhardt, 3. Auflage 1882

Gaugler, Ernst: Johann Christoph Blumhardt, 1945

Michaelis, Edgar: Geisterreich und Geistesmacht, der Heilungs- und Dämonenkampf Johann Christoph Blumhardts, 1949

Rüsch, E. G.: Die Erlösung der Kreatur, die Geschichtstheologie Johann Christoph Blumhardts, 1956

DER SOHN

Botschaft
Lejeune, R.: Christoph Blumhardt und seine Botschaft, 1938

Eugster
Specker, L. (ed.): Politik aus der Nachfolge, der Briefwechsel zwischen Eugster-Züst und Christoph Blumhardt, 1984

Harder
Harder, Johannes (ed.): Christoph Blumhardt: Ansprachen, Predigten, Reden, Briefe, 3 Bde., 2. Auflage 1982

Jäckh
Jäckh, Eugen: Christoph Blumhardt. Ein Zeuge des Reiches Gottes, 1950

Lejeune
Lejeune, R. (ed.): Christoph Blumhardt, eine Auswahl aus seinen Predigten, 4 Bde., 1925–1937

Pilsach
Pilsach, Senfft von: Dem Gedächtnis Blumhardts, 1925

Sprewitz
Sprewitz, Anna von: Auf ewigem Wege, Eigenhändiger Lebenslauf, 2. Auflage 1931

Thurneysen
Thurneysen, Ed.: Christoph Blumhardt, 1926

Vertrauliche Blätter
Blumhardt, Christoph: Vertrauliche Blätter, 2 Bde., 1893–1895

Walser
Walser, Paul: Christoph Blumhardt, der Protestant, 1946

Wilhelm
Rich, Arthur (ed.): Christoph Blumhardt: Christus in der Welt, Briefe an Richard Wilhelm, 1958

Zellweger
Zellweger, Eberhard: Der jüngere Blumhardt, 1945

Blumhardt, Christoph: Erbauliche Blicke in die ersten Kapitel der Offenbarung Johannis, 1886

Blumhardt, Christoph: Haus-Andachten, 1916

Jäckh, E. (ed.): Christoph Blumhardt: Von der Führung Gottes. Briefe an Freunde, 1955

Kerlen, Eberhard: Zu den Füßen Gottes, 1981

Schütz, Paul: Säkulare Religion, 1932

Werren-Schlosser, Hanspeter: Christoph Blumhardt, ein protestantischer Prophet, 1986 (Akzeßarbeit)

VATER UND SOHN

Claß
Claß, Helmut: Blumhardt und Sohn, Anruf und Anstoß heute, 1976

Ragaz
Ragaz, L.: Der Kampf um das Reich Gottes in Blumhardt, Vater und Sohn und weiter, 1922

Jäckh, Eugen: Blumhardt Vater und Sohn, 1925

Jäckh, Werner: Blumhardt, Vater und Sohn und ihre Welt, 1977

Sauter, Gerhard: Die Theologie des Reiches Gottes beim älteren und jüngeren Blumhardt, 1962

Quellen-Verzeichnis

JOHANN CHRISTOPH BLUMHARDT

Der unscheinbare Anfang

1 Blumhardt über Blumhardt, S. 121
2 Schriften, Bd. III, S. 201
3 Harder, Bd. III, S. 36
4 Zündel, S. 20
5 Rudert, S. 24
6 Rudert, S. 59
7 Harder, Bd. II, S. 13/14
8 Harder, Bd. I, S. 45
9 Harder, Bd. II, S. 14
10 Leuchtende Liebe, S. 33
11 Harder, Bd. I, S. 50

Der Blick in den Abgrund

1 Zündel, S. 127
2 Kampf, Bd. I, S. 40
3 Das Buch der Richter, 7,3
4 Haug, S. 46
5 Kampf, Bd. I, S. 48
6 Kampf, Bd. I, S. 76
7 Zündel, S. 134
8 Schriften, Bd. I, S. 54
9 Haug, S. 26
10 Scharfenberg, S. 31
11 Zündel, S. 118
12 Lk. 8,31

13 Zündel, S. 162
14 Pascal: Pensées, Nr. 183
15 Schestov: Auf Hiobs Waage, S. 422
16 Epheser, 6,12
17 K. Barth: Der Römerbrief, 1922, S. 261
18 Zündel, S. 128
19 Schriften, Bd. III, S. 233
20 Dostojewski: Briefe, ed. Eliasberg, 1920, S. 62
21 Schriften, Bd. III, S. 195
22 Zündel, S. 432
23 Zündel, S. 425
24 Harder, Bd. I, S. 110

Eine Tür geht auf

 1 Zündel, S. 130
 2 Zündel, S. 440
 3 Schriften, Bd. III, S. 106
 4 Schriften, Bd. III, S. 193
 5 Harder, Bd. II, S. 182
 6 Zündel, S. 182
 7 Harder, Bd. II, S. 160
 8 Kampf, Bd. I, S. 119 ff.
 9 Spr. Sal. 39,18/19
10 Scheler: Wesen und Formen der Sympathie, 1931, S. 129 ff.
11 Haug, S. 7
12 Haug, S. 34
13 Haug, S. 36
14 Haug, S. 7
15 J. Roessle: Von Bengel zu Blumhardt, 1959, S. 394
16 Haug, S. 58/59
17 Rudert, S. 96
18 Zündel, S. 164/165
19 Zündel, S. 165
20 Zündel, S. 167
21 Zündel, S. 208
22 Schriften, Bd. III, S. 208

23 Schriften, Bd. III, S. 248
24 Schriften, Bd. II, S. 62
25 Schriften, Bd. II, S. 84
26 Schriften, Bd. III, S. 224
27 Schriften, Bd. III, S. 232
28 Schriften, Bd. III, S. 240
29 Zündel, S. 382
30 Zündel, S. 468
31 Zündel, S. 361
32 Hofmannsthal: Briefe der Freundschaft, 1953, S. 131
33 Zündel, S. 224
34 Mk. 16,8
35 Haug, S. 23
36 Haug, S. 60
37 Blumhardt über Blumhardt, S. 16/17 und Zündel, S. 231

Der Schrei

1 Harder, Bd. II, S. 98
2 Zündel, S. 259
3 Zündel, S. 223
4 Scharfenberg, S. 93
5 Lejeune, Bd. II, S. 486
6 Zündel, S. 170
7 Schriften, Bd. III, S. 216
8 Joel, 3,1
9 Russische Mystik, ed. R. v. Walter, 1957, S. 181
10 Zündel, S. 270
11 Haug, S. 87

Eine denkwürdige Stätte

1 Schriften, Bd. III, S. 6
2 Schriften, Bd. III, S. 59
3 Mk. 9,6
4 Off. Joh. 21,3
5 Münch, S. 16

6 Rudert, S. 69
7 Nele Soerensen: Mein Vater Gottfried Benn, 1986, S. 29
8 Vgl. Albrecht Goes über Mörike, in: Dichter und Gedicht,
   1966, S. 110 ff. und in » Tagwerk«, 1976, S. 105 ff.
9 Roessle: Von Bengel zu Blumhardt, S. 402/403
10 Zündel, S. 289
11 Schriften, Bd. III, S. 256
12 Blätter, Bd. I, S. 206/207
13 Zündel, S. 376, 383 und 390
14 Schriften, Bd. III, S. 222
15 F. Groth: Chiliasmus und Apokatastasishoffnung in der
    Reich-Gottes-Verkündigung der beiden Blumhardt, in » Pie-
    tismus und Neuzeit«, Bd. 9, 1983, S. 56–116
16 Schriften, Bd. III, S. 237
17 Schriften, Bd. I, S. 37
18 Christoph Blumhardt: Erinnerungen an Doris Blumhardt,
    o. J., S. 35
19 Harder, Bd. I, S. 37
20 Zündel, S. 536/537

Ein Mann Gottes

1 E. Hirsch: Geschichte der neueren evangelischen Theologie,
   1954, Bd. V, S. 144
2 Zündel, S. 221 und S. 225
3 Schriften, Bd. III, S. 189
4 Münch, S. 73
5 Leuchtende Liebe, S. 94
6 Barth: Die protestantische Theologie im 19. Jahrhundert,
   1952, S. 597
7 Harder, Bd. I, S. 32
8 Rudolf Otto: Reich Gottes und Menschensohn, 1933, S. 289
9 S. Kierkegaard: Der Begriff des Auserwählten,
   ed. Th. Häcker, 1917, S. 365
10 Blumhardt: Vertrauliche Blätter, 1895, S. 7/8
11 1. Kön. 17,18

12 Zündel, S. 81 und 360
13 Blumhardt über Blumhardt, S. 139
14 Pred. Sal. 3,11
15 A. Silesius: Cherubinischer Wandersmann, ed. Held, 1924,
    Bd. 3, S. 13
16 Zündel, S. 442

CHRISTOPH BLUMHARDT

Leben ist wie ein Gesang vor Gott

 1 Harder, Bd. III, S. 112
 2 Ps. 96,1
 3 Harder, Bd. III, S. 93
 4 Harder, Bd. III, S. 174
 5 Lejeune, Bd. III, S. 154
 6 Lejeune, Bd. I, S. 334
 7 Harder, Bd. II, S. 37
 8 Harder, Bd. II, S. 68
 9 Lejeune, Bd. II, S. 539
10 Harder, Bd. I, S. 176
11 Lejeune, Bd. II, S. 101
12 Pilsach, S. 15
13 Mk. 16,17
14 Lejeune, Bd. II, S. 465
15 Harder, Bd. I, S. 184
16 Harder, Bd. III, S. 38
17 Harder, Bd. II, S. 179 u. S. 250
18 Lejeune, Bd. I, S. 458 und Jäckh, S. 75/76
19 Lejeune, Bd. II, S. 486
20 Lejeune, Bd. III, S. 16
21 Harder, Bd. I, S. 82
22 Harder, Bd. I, S. 128 und Lejeune, Bd. I, S. 21
23 Harder, Bd. III, S. 119
24 Botschaft, S. 37
25 Harder, Bd. II, S. 50 u. 51
26 Hebr. 3,7

27 Harder, Bd. II, S. 38
28 Harder, Bd. III, S. 10/11
29 Vgl. Werner Jäckh: Blumhardt, Vater und Sohn und ihre
    Welt, 1977, S. 192
30 Harder, Bd. I, S. 30/31
31 Wilhelm, S. 128
32 Harder, Bd. II, S. 57
33 1. Kor. 7,2 und 29
34 Harder, Bd. II, S. 315
35 Harder, Bd. II, S. 297
36 Harder, Bd. III, S. 112

Der Sünder Geselle

 1 Lejeune, Bd. I, S. 457
 2 Harder, Bd. II, S. 81
 3 Lejeune, Bd. I, S. 265
 4 Lejeune, Bd. I, S. 342
 5 Blumhardt: Gedanken aus dem Reiche Gottes, 1895, Kp. IX
 6 Harder, Bd. II, S. 1
 7 Harder, Bd. II, S. 108
 8 Eugster, S. 202
 9 Lejeune, Bd. III, S. 306
10 Lejeune, Bd. IV, S. 210
11 Harder, Bd. II, S. 16
12 Pilsach, S. 35
13 Mt. 9,10 und 11,19
14 Lejeune, Bd. III, S. 345
15 Jäckh, S. 142
16 Harder, Bd. III, S. 46
17 Harder, Bd. II, S. 252
18 Harder, Bd. III, S. 160
19 Vgl. Gottfried Benn, Katalog der Ausstellung, 1986, im
    Schiller-National-Museum in Marbach am Neckar, S. 25
20 Eugster, S. 56
21 Jäckh, S. 259

1 Harder, Bd. I, S. 186
2 Harder, Bd. II, S. 125
3 Pilsach, S. 33
4 Botschaft, S. 120
5 Lejeune, Bd. II, S. 487
6 Harder, Bd. II, S. 36
7 Lejeune, Bd. III, S. 354
8 Lejeune, Bd. III, S. 143
9 Harder, Bd. II, S. 173
10 Eugster, S. 107
11 Harder, Bd. II, S. 29
12 Walser, S. 18
13 Lejeune, Bd. III, S. 435
14 Lejeune, Bd. II, S. 513
15 Mt. 23,15
16 Apg. 7,48
17 Salome Wilhelm: Richard Wilhelm, 1956, S. 15
18 Wilhelm, S. 41
19 Wilhelm, S. 140
20 Wilhelm, S. 107
21 Wilhelm, S. 157
22 Harder, Bd. III, S. 209
23 Ernst Müller: Stiftsköpfe, 1938, S. 337
24 Salome Wilhelm: Richard Wilhelm, S. 38/69
25 ibid., S. 320/322
26 Lejeune, Bd. II, S. 492
27 Lejeune, Bd. IV, S. 248
28 Pilsach, S. 6
29 Lejeune, Bd. III, S. 293
30 Lejeune, Bd. IV, S. 106
31 Lejeune, Bd. III, S. 345
32 Lejeune, Bd. I, S. 110
33 1. Joh. 2,15
34 Joh. 3,16
35 Mt. 21,31

1 Harder, Bd. II, S. 143
2 Sprewitz, S. 34/35
3 Lejeune, Bd. III, S. 451
4 Eugster, S. 103
5 Harder, Bd. II, S. 187
6 Harder, Bd. II, S. 299
7 Harder, Bd. II, S. 196
8 Harder, Bd. II, S. 196
9 Harder, Bd. II, S. 264
10 Klaus-Jürgen Meier: Christoph Blumhardt, Christ – Sozialist – Theologe, 1979, S. 59, (Diss.)
11 Jer. 28,1 ff.
12 Harder, Bd. II, S. 202
13 Jäckh, S. 238
14 Class, S. 18
15 Eugster, S. 152
16 Eugster, S. 242
17 Harder, Bd. II, S. 314
18 Eugster, S. 184
19 Pilsach, S. 33 und Eugster, S. 221
20 Eugster, S. 201
21 Eugster, S. 242
22 Harder, Bd. II, S. 299
23 Eugster, S. 49
24 E. Buess und M. Mattmüller: Prophetischer Sozialismus, 1986, S. 35 ff.
25 Leuchtende Liebe, S. 99/107
26 H. Kutter in seinen Briefen 1883–1931, 1983, S. 144
27 ibid., S. 169
28 Kutter: Not und Gewißheit, 1927, S. 107, 209, 235 und Kutter: Wo ist Gott? 1926, S. 11 u. 13
29 Barth – Thurneysen: Ein Briefwechsel, Taschenbuchausgabe, 1966, S. 130
30 Kutter: Briefe, S. 461
31 Harder, Bd. III, S. 178

32 Ragaz, S. 303 u. 312
33 Ragaz: Mein Weg, 1952, Bd. II, S. 134
34 Busch: Barths Lebenslauf, 1976, S. 97
35 R. Bohren: E. Thurneysen, 1982, S. 35–38
36 Thurneysen, S. 44
37 Bohren: E. Thurneysen, S. 38
38 ibid., S. 130
39 Vgl. Zwischen den Zeiten, 1932, S. 541/505

Im Vorstadium

 1 Eugster, S. 334
 2 Jäckh, S. 277
 3 Lejeune, Bd. III, S. 309
 4 Harder, Bd. II, S. 93
 5 1. Joh. 3,2
 6 Eugster, S. 323
 7 Harder, Bd. III, S. 88
 8 Harder, Bd. III, S. 110
 9 Zellweger, S. 136
10 Harder, Bd. II, S. 130
11 Jäckh, S. 284
12 Jäckh, S. 297
13 Class, S. 6
14 Eugster, S. 327
15 Harder, Bd. III, S. 16
16 Harder, Bd. III, S. 211
17 Harder, Bd. III, S. 321
18 Lejeune, Bd. I, S. 257
19 Class, S. 31

Eine helle Freude am Grab

 1 Jäckh, S. 9
 2 Harder, Bd. II, S. 292
 3 Jäckh, S. 191
 4 Lejeune, Bd. III, S. 396

5 Jäckh, S. 249

6 Harder, Bd. I, S. 87/88

7 Harder, Bd. I, S. 90

8 Harder, Bd. I, S. 102

9 Harder, Bd. II, S. 284

10 Harder, Bd. II, S. 310

11 Harder, Bd. III, S. 90

12 Lejeune, Bd. II, S. 512

13 Lejeune, Bd. III, S. 164

14 Lejeune, Bd. III, S. 194

15 Harder, Bd. III, S. 97/98

16 Harder, Bd. II, S. 295

17 Harder, Bd. III, S. 35

18 J. Gotthelf: Sämtl. Werke, 1925, Bd. XV, S. 7

19 Harder, Bd. III, S. 45

20 Harder, Bd. II, S. 38

21 Harder, Bd. III, S. 133

22 Lejeune, Bd. I, S. 312/313

23 Lejeune, Bd. IV, S. 266

24 Eugster, S. 396

25 Jäckh, S. 319

26 Mt. 25,21

27 Harder, Bd. II, S. 103

Literaturhinweise
aus dem Quell Verlag

Berger, Klaus
Wie ein Vogel ist das Wort
Wirklichkeit des Menschen und Parteilich-
keit des Herzens

Bintz, Helmut
Nikolaus Ludwig Graf von Zinzendorf
Dichter der christlichen Gemeinde

Fischer, Manfred
Einmischung in innere Angelegenheiten
Worte Jesu in Variationen und Medita-
tionen für unsere Zeit

Fischer, Manfred
Gräser sprengen den Asphalt
Biblische Texte – wahrgenommen und
weitergedacht

Hehl, Werner
Johann Albrecht Bengel
Leben und Werk

Hehl, Werner
Matthias Claudius
Dichter der christlichen Gemeinde

Hehl, Werner
Philipp Melanchthon
Der Freund Martin Luthers
Dichter der christlichen Gemeinde

Hehl, Werner
Gerhard Tersteegen
Dichter der christlichen Gemeinde

Hirzel, Stephan
Der Graf und die Brüder
Die Geschichte einer Gemeinschaft

Küenzlen, Walther
Vom Umgang mit schwarzen Schafen
Erlesenes aus alten Kirchenbüchern

Lamparter, Helmut
Martin Luther
Dichter der christlichen Gemeinde

Lölkes, Herbert
Rudolf Alexander Schröder
Dichter der christlichen Gemeinde

Mascher, Benno
Jochen Klepper
Dichter der christlichen Gemeinde

Meidinger-Geise, Inge
Das Nadelöhr – ein Hintertürchen?
Texte über Reichtum und Verzicht

Pagel, Hans-Joachim
Angelus Silesius
Dichter der christlichen Gemeinde

Schultz, Hans Jürgen
Ich habe versucht zu lieben

Schultz, Hans Jürgen
Liebhaber des Lebens

Stark, Ewald
Das Heilige war es das mich ergriff
Ein Griechenland-Buch mit Fotos von Ewald
Stark zu Texten von Erhart Kästner